ÉTONNANTS·CLASSIQUES

CONTES DE SORCIÈRES

Présentation, notes, choix des textes et dossier par
SÉBASTIEN FOISSIER,
professeur de lettres

GF Flammarion

Le conte dans la même collection

© Éditions Flammarion, 2008.
ISBN : 978-2-0812-1284-8
ISSN : 1269-8822

Création maquette intérieure : Sarbacane Design.

Composition : In Folio.

08/10/141463-X-2008 – Impr. MAURY Imprimeur, 45330 Malesherbes.
N° d'édition L01EHRN000230C002. – Juillet 2008. – Printed in France.

SOMMAIRE

Contes de sorcières

LA SORCIÈRE À TRAVERS LES ÂGES

ATTRIBUTS ET POUVOIRS DE LA SORCIÈRE

SORCIÈRES D'AILLEURS

▓ Dossier........................ 147

Vous n'en avez jamais vu et pourtant vous en reconnaîtriez une au premier regard !

Vieille, laide, avec ses verrues et son nez crochu, toute de noir vêtue, la méchante sorcière se déplace de nuit, chevauchant son balai pour se rendre à des cérémonies diaboliques. Ses pouvoirs sont grands et il ne *sort* jamais rien de bon de son chaudron magique.

Pour découvrir l'histoire passionnante de cet étonnant personnage, cet ouvrage vous propose de voyager à travers les siècles, au fil de textes clés qui vous conduiront d'Homère à Bernard Friot. Des extraits et des contes traditionnels vous présenteront les attributs, rituels et pouvoirs fabuleux des sorcières à travers les âges. Enfin, loin de l'Europe occidentale, quelques sorcières fameuses venues d'ailleurs viendront compléter ce ballet maléfique.

Devineresses et magiciennes de l'Antiquité

Chez les Grecs et les Romains, la magie est une réalité quotidienne. Les travaux historiques et archéologiques ont montré que les Anciens s'adonnaient à toutes sortes d'incantations [1], évocations, envoûtements et sacrifices à des fins astrologiques

---

1. *Incantations* : paroles magiques pour opérer un sort.

ou médicales. On sait que, dans la pratique religieuse, pour communiquer avec les dieux et connaître leurs intentions, les Grecs s'adressaient à des devineresses. Ces prêtresses intercédaient avec le divin pour en rapporter le message. L'une d'elles, la Pythie de Delphes, rendait les oracles[1] du dieu de la lumière, Apollon, dans des transports frénétiques qui la laissaient abattue pendant plusieurs jours. Les Sibylles également, dont le nom signifie en grec « volonté de Jupiter », exprimaient les prophéties[2] de nombreux dieux. Héritiers des Étrusques[3], les Romains demandaient aux augures et aux haruspices, deux autres figures de prêtres et devins, d'interpréter les signes divins et les présages de l'avenir. Pourtant, le personnage de la sorcière, telle que nous l'imaginons aujourd'hui, n'existe pas dans ces temps anciens. Dans l'*Odyssée* d'Homère, ce sont les dieux qui ont un pouvoir enchanteur : Athéna prend forme humaine ou animale pour apparaître à Ulysse et à son fils ; Hermès, le messager divin à la baguette d'or, est chaussé de sandales magiques. Le plus souvent, ils font un usage positif de leurs charmes, à l'exception notable de Circé (p. 19). Cette très belle jeune femme, décrite comme la déesse « aux-belles-boucles », use de « mauvaises drogues » afin de métamorphoser les compagnons d'Ulysse en porcs. Pour contrer ces « *pharmaka*[4] » funestes, le dieu Hermès doit intervenir en remettant à Ulysse une « bonne herbe ». Incarnation de la douceur et de la séduction, Circé parvient aussi à retenir le héros loin d'Ithaque et réalise l'exploit de lui faire oublier, pendant toute une année, sa fidèle Pénélope.

---

1. *Oracles* : réponses que donnait une divinité à ceux qui la consultaient.
2. *Prophéties* : prédictions.
3. *Étrusques* : peuple d'Étrurie, région de l'Italie ancienne, les Étrusques ont un très grand renom de magiciens.
4. *Pharmakon* (au pluriel, *pharmaka*) : ce mot grec possède les deux sens de « remède » et « poison ».

L'usage maléfique des pouvoirs enchanteurs, qui caractérise peu à peu la sorcière, se trouve considérablement amplifié dans la légende de Médée. L'histoire de cette magicienne, nièce de Circé, est rapportée dans *Les Métamorphoses* du poète latin Ovide. Elle raconte les affres, les joies et les ravages de la passion amoureuse. Pour son mari Jason, Médée convoque la redoutable puissance de sa magie et accomplit les exploits les plus grands puis les crimes les plus atroces. Elle permet aux Argonautes, conduits par son époux Jason, de conquérir la Toison d'or ; elle crée un élixir de jouvence qui sauve son beau-père Æson de la mort (p. 102), mais, par vengeance, elle fait assassiner Pélias par ses propres filles, parce qu'il a usurpé le trône qui revenait à son beau-père (p. 105). La violence du personnage et ses pratiques magiques annoncent celles des sorcières.

Au Moyen Âge :
la fiancée de Satan

Au XVIe siècle, François Rabelais se souvient avec humour des devineresses antiques quand il envoie son personnage Panurge consulter la Sibylle de Panzoust pour savoir si, oui ou non, la femme qu'il épousera le trompera un jour. Mais la Sibylle ne ressemble pas aux déesses, magiciennes ou devineresses de l'Antiquité qui séduisaient les héros les plus vaillants par leur beauté. Elle est vieille, et cette caractéristique constitue pour Panurge une preuve nécessaire de sa sagesse : il la croit sage, voire « pré-sage », en raison de son grand âge qui lui confère « quelque chose de divin » et la capacité de prédire tout ce qui appartient à l'avenir. Multipliant les jeux de mots, il indique : « La vieillesse féminine foisonne toujours en qualité si brillante, je voulais dire sibyllante[1]. » Toutefois, devant la Sibylle, Panurge prend peur car il la croit sorcière, c'est-à-dire fiancée de Satan[2].

Cette représentation de la sorcière en vieille femme diabolique, telle qu'elle existe dans l'imaginaire des contes populaires, apparaît au Moyen Âge.

La fin de cette période est marquée par des troubles, notamment religieux, contre lesquels la chrétienté occidentale tente de lutter, grâce à son tribunal chargé de combattre les hérésies[3] : l'Inquisition. Devant l'importance croissante du protestantisme et des cathares[4], la montée de l'islam et la résistance des juifs à la conversion, l'Église catholique propage l'image de Satan et rassemble ses fidèles derrière le rejet d'un diable « puissant et omniprésent, auquel étaient imputés tous les malheurs du monde[5] ».

La sorcière devient officiellement la disciple de Satan et la sorcellerie l'œuvre du démon. En 1484, le pape Innocent VIII publie la bulle *Summis desiderantes affectibus* qui entérine le début de la chasse aux sorcières. Deux ans plus tard, les inquisiteurs Henry Institoris et Jacques Sprenger livrent un traité consacré à la sorcellerie comme démonologie[6] : le *Marteau des Sorcières* (*Malleus maleficarum*). Jusqu'au XVIIe siècle, c'est sur ce manuel

---

1. Rabelais, *Le Tiers Livre*, traduction en français moderne de Guy Demerson, Seuil, coll. « Points », 1997, p. 195.

2. L'expression est de Jean-Michel Sallmann, *Les Sorcières, Fiancées de Satan*, Gallimard, coll. « Découvertes », 1989.

3. *Hérésie* : toute opinion émise au sein de l'Église et considérée comme contraire à ses enseignements (appelés « dogmes »).

4. *Cathares* : adeptes d'un mouvement religieux médiéval réprimé par l'Église au XIIIe siècle.

5. Jean-Michel Sallmann, *Les Sorcières, Fiancées de Satan*, op. cit., p. 23.

6. *Démonologie* : étude des démons.

que s'appuieront les autorités pour envoyer au bûcher des milliers de femmes accusées de sorcellerie. Les sorcières des contes «Jeannot et Margot» et «Le Tambour» périront aussi dans les flammes du feu «purificateur» (p. 43 et 55).

Dans notre société patriarcale[1], «une sorcière, c'est toujours une femme», remarque non sans humour Roald Dahl. Avant lui, Jules Michelet, écrivait : «*pour un sorcier, dix mille sorcières*». Sorte d'anti-Vierge Marie au même titre que Satan est l'anti-Christ, la sorcière véhicule l'image de la femme fautive du péché originel. En la stigmatisant, l'Église s'en prend à la réalité sociale de la guérisseuse de village qui s'adonne aux cultes païens. Sa représentation dans les contes nous instruit sur les mentalités des époques qui ont craint et souvent pourchassé la sorcière comme une femme dont la puissance reconnue et mystérieuse effraie les hommes. Elle est le reflet de leurs peurs et de leurs angoisses.

---

1. *Société patriarcale* : société fondée sur la puissance paternelle.

Les pouvoirs de la sorcière : « la magie au bout des doigts et le diable dans la tête[1] »

Le mot latin *sors*, *sortis* désigne la petite tablette de bois qui servait à répondre aux questions posées à des oracles, puis, par extension, il signifie « tirage au sort », « destin » et « prophétie ». Le latin classique *sorcerius* évolue en latin populaire *sortiarius*, « diseur de sorts » – *sortiaria* au féminin –, qui donne le français « sorcière ». Le mot est d'abord employé au féminin, vers 1160, avant de l'être au masculin vers 1280.

La sorcière est donc celle qui possède le pouvoir particulier de modifier, d'influencer, d'infléchir le sort, le destin d'un individu ou de plusieurs. Certains textes de notre *corpus* confirment ce sens étymologique, puisque les magiciennes grecques aussi bien que la Taufpatin du conte de Grimm « Raiponce » possèdent le don ancestral de divination. Panurge ne consulte la Sibylle de Panzoust qu'à la seule fin de connaître son avenir conjugal.

À partir de *La Chanson de Roland* (1080), le mot « sort » désigne un effet magique, le plus souvent néfaste. La sorcière est celle qui « jette des *mauvais* sorts », des *maléfices*. Parfois, la parole suffit à accomplir le sortilège. C'est ce que nous voyons dans « Raiponce », quand la sorcière maudit le prince charmant.

Mais, plus souvent, la magie de la sorcière passe par le truchement de breuvages, élixirs ou potions aux vertus magiques et maléfiques. Le choix des ingrédients, généralement *ignobles*, au

---

1. Roald Dahl, « Les Vraies Sorcières », p. 93.

sens étymologique[1] du terme (toile d'araignée, poudre ou bave de crapaud[2]), leur accommodement ainsi que les incantations qui accompagnent la recette... tout dans l'élaboration de la mixture est un processus savant et secret. Médée se cache de son mari et de ses serviteurs[3], et la Sibylle de Panzoust se livre à des gesticulations qui ne sont pas compréhensibles de Panurge et de Pantagruel, criant « de façon effroyable, faisant sonner entre ses dents quelques mots barbares et à la terminaison étrange » (p. 31).

Cet aspect ésotérique[4], qui renforce le mystère du personnage, lui confère une dimension divine.

Le pouvoir de la sorcière effraie parce qu'il est « sur-humain », « sur-naturel ».

Dès l'Antiquité, la magicienne Médée voulant rajeunir Æson en appelle aux dieux (Hécate, les dieux de la nuit et des bois) et aux éléments (la Terre, la Lune). Grâce à sa relation privilégiée avec ces entités supérieures, « les fleuves, à la stupeur de leurs rives, [reviennent] à leur source » ; « par [ses] incantations, [elle] apaise les flots soulevés et soulève les flots apaisés, dissipe les nuages et les amasse, chasse les vents et les appelle, brise, par [ses] formules magiques la gorge des vipères, anime les rochers, les chênes, les forêts arrachés à leur sol et les [met] en mouvement, commande aux montagnes de trembler, au sol de mugir, aux Mânes[5] de sortir des tombeaux » (p. 98-99). Au Mali, la sorcière Njeddo Dewal est l'agent du châtiment divin. Le dieu suprême, Guéno, la crée afin

---

1. « Ignoble » vient du latin *ignobilis*, qui signifie « non noble ».
2. Bernard Friot, « La Sorcière amoureuse », p. 84. Voir également le texte d'Amadou Hampâté Bâ et les détails de la création de Njeddo Dewal, p. 140.
3. Elle invite son mari et ses serviteurs « à détourner de ce qui doit rester secret leurs yeux profanes » (p. 101).
4. *Ésotérique* : dont le sens est caché au plus grand nombre.
5. *Mânes* : âmes des morts.

que s'abatte sur les Peuls[1] pervers la punition de leurs péchés. La « Grande Mégère septénaire[2] », mère de la calamité, est le bras armé, le fléau de Dieu.

Au Moyen Âge, l'Église exploite la dimension divine de la magicienne, en l'inversant, pour faire de la sorcière un personnage effrayant, tel qu'on le retrouve dans les contes traditionnels. La « sorcelière » (XIIe siècle) ou « sorceresse » (XIIIe siècle) est une femme qui possède des pouvoirs magiques qu'elle a obtenus après avoir pactisé avec le diable. La cérémonie qui scelle leur union infâme prend la forme d'une parodie de messe : le sabbat, au cours duquel la sorcière se range délibérément du côté des forces occultes par opposition aux forces célestes. Dans le conte d'Édith Montelle, Jhängel, qui soupçonne sa femme de sorcellerie, assiste à un tel spectacle : « Là, au pied d'un chêne gigantesque, un immense brasier était allumé. Tout autour, sorciers et sorcières chantaient, dansaient, festoyaient. Sous l'arbre trônait la Reine de la Nuit, la Dame du Sabbat, aux cheveux de feu, aux yeux d'herbe printanière et à la taille de guêpe, son épouse tant aimée ! » (p. 115).

En échange de son âme offerte au démon, la sorcière obtient des pouvoirs magiques. À l'instar d'une magicienne antique (Circé) ou d'une déesse grecque, elle sait métamorphoser les corps – y compris le sien propre : « Capable de prendre toutes les formes, elle se métamorphos[e] à volonté, plongeant les esprits dans le trouble » (p. 143). La sorcière change les apparences à son gré. « Le jour, elle se transformait en chatte ou en chouette, mais la nuit elle redevenait normalement la femme qu'elle était. Elle avait le pouvoir d'attirer et de fasciner le gibier et les oiseaux,

---

1. *Peuls* : peuple d'Afrique de l'Ouest.
2. *Septénaire* : qui dure sept jours ou sept ans.

qu'elle capturait sans se déplacer, pour les mettre à la marmite ou sur la rôtissoire. Si quelqu'un approchait du château, à la distance de cent pas il était immobilisé et figé sur place, incapable de faire un mouvement tant qu'elle ne l'avait pas désensorcelé ; mais si d'aventure c'était une pure jeune fille qui entrait dans ce cercle magique de cent pas, la sorcière la transformait en oiseau et la mettait dans une corbeille, puis elle portait la corbeille dans une chambre du château » (« Yorinde et Yoringue », p. 117-118). Médée avait ses dragons, Circé ses lions. On retrouve plus tard aux côtés de la sorcière des familiers, animaux nocturnes et nyctalopes[1], qui accompagnent sa solitude dans l'empire de la nuit, là où les hommes l'ont rejetée, à l'écart du monde au plus profond de la forêt (« Yoringue et Yorinde », « Jeannot et Margot ») ou derrière de hauts murs (« Raiponce »).

Lorsqu'elle doit se déplacer, la diablesse domestique enfile ses bottes de sept lieues (« Roland le bien-aimé ») ou chevauche son balai volant – emblème devenu légendaire de la ménagère ensorcelée. La sorcière recourt à différents accessoires magiques pour se jouer des lois de la nature, y compris la fameuse baguette que l'on trouve dans les mains de Circé et d'Hermès et que l'on croirait, à tort, réservée aux bonnes fées (« Roland le bien-aimé »).

---

1. *Nyctalopes* : qui voient la nuit.

Ma sorcière bien-aimée ?

Au fil du temps, au cours des siècles, devenant méchante, la magicienne devient sorcière. Laide et méchante, laide *parce que* méchante, elle est *vilaine* aux deux sens du terme. Son corps prend la laideur de son âme et cette adéquation aide le lecteur à l'identifier immédiatement comme personnage négatif. C'est pourquoi, chez les frères Grimm, elle revêt ses atours les plus moches. La sorcière est « une vieille femme toute tordue, maigre et jaune, avec de gros yeux rouges proéminents, et un nez si crochu qu'il lui touch[e] la pointe du menton » (« Yorinde et Yoringue », p. 119) ; un personnage hideux ou déformé comme Njeddo Dewal ou baba Yaga. Lorsqu'elle est belle (Édith Montelle, « Le Balai volant », p. 112), c'est de la beauté du diable, pour mieux séduire et tromper son monde. Mais, dans les contes, la sorcière effraie de manière presque nécessaire, afin qu'elle ne puisse rien cacher des mauvaises intentions qui la conduisent à s'en prendre systématiquement aux créatures les plus innocentes et les plus pures qui soient : les enfants.

Comme le rappelle Roald Dahl, la sorcière « déteste les enfants d'une haine cuisante, brûlante, bouillonnante, qu'il est impossible d'imaginer » (p. 92). On retrouve cette animosité dans la légende antique de Médée. En effet, la « perfide » Colchidienne (p. 105), pour ralentir la course de son père Æétès, qui poursuivait les Argonautes menés par Jason, n'a pas hésité à couper en morceaux son jeune frère Apsyrtos, obligeant Æétès à s'arrêter pour ramasser les fragments du garçon. Plus tard, lorsque Jason préférera la fille du roi Créon et abandonnera Médée, celle-ci, pleine de rage et de passion déçue, brûlera sa rivale avec une robe empoisonnée, puis tuera Phérès et Merméros, ses propres enfants nés de ses amours avec Jason.

Infanticide dans « Roland le bien-aimé », la sorcière se double parfois d'une ogresse anthropophage comme dans les contes « Jeannot et Margot » et « La Baba Yaga ». Ses victimes favorites sont très précisément le contraire de ce qu'elle est : jeunes et innocentes.

Contrepoint et faire-valoir de la Vierge Marie, la sorcière figure la femme pécheresse, celle qui s'oppose à l'innocence des enfants qu'elle déteste et auxquels elle nuit, celle qui représente la mauvaise, la fausse mère, autrement appelée « marâtre » ou « Taufpatin » (« Raiponce »). Incapable d'amour, excepté chez Bernard Friot, la sorcière n'est pas *a priori* destinée à se reproduire et ne peut avoir d'enfants que par emprunt (« Raiponce »). Mais si d'aventure elle enfante, la sorcière engendre une progéniture qui lui ressemble, à la fois « laide et méchante » (Grimm, « Roland le bien-aimé », p. 122).

L'antagonisme traditionnel entre la sorcière et les enfants tend à s'effacer de nos jours. Au cinéma ou dans les albums illustrés, la sorcière est une vieille dame dont se moque un peu la jeunesse. Elle n'effraie plus que par jeu et ses pouvoirs semblent amoindris. Comme l'explique Daniel Vaxelaire à propos de « Grand-mère Kalle », le personnage livresque de la sorcière épouvante de moins en moins des enfants dont l'attention est de plus en plus absorbée par la télévision et les jeux vidéos. Ses caractéristiques physiques et morales surdéterminées finissent par désincarner un mythe qui depuis longtemps n'a plus de réalité sociale. Dès lors, Roald Dahl s'emploie à moderniser le personnage et lui redonne vie dans « Les Vraies Sorcières ». D'autres auteurs contemporains s'amusent de l'affaiblissement du personnage et en sourient. « La Sorcière du placard aux balais » n'épouvante plus guère, et celle de Bernard Friot va jusqu'à tomber amoureuse.

Comme le suggère une fameuse série télévisée, la sorcière est aujourd'hui bien-aimée. Ce livre en témoigne.

■ Francisco de Goya, *Le Sabbat des sorcières* (1797).

LA SORCIÈRE À TRAVERS LES ÂGES

■ Circé, en pleine séance de magie, avec des serpents et des esprits. Gravure de Rémi Belvaux d'après Moreau le Jeune (XVIIIe siècle).

Circé

(Homère, l'*Odyssée*)

Homère est un aède (poète) grec du VIIIᵉ siècle av. J.-C. Il est l'auteur de l'*Iliade* et de l'*Odyssée*, deux textes fondateurs de notre culture. L'*Iliade* rapporte l'épisode de la guerre de Troie, qui opposa les Grecs et les Troyens quatre siècles avant la naissance d'Homère. L'*Odyssée* – du nom de son héros grec Ulysse (Οδυσσεύς/*Odusseús* en grec) – raconte la fin de ce conflit ainsi que le retour d'Ulysse vers son royaume d'Ithaque où l'attendent sa femme Pénélope et son fils Télémaque. Le dieu des Mers Poséidon contrarie ce voyage, précipitant Ulysse et ses compagnons dans une tempête qui les dévie de leur trajectoire. Ils accostent l'île de la magicienne Circé. La déesse « aux mille drogues » fait usage de ses pouvoirs magiques pour retenir prisonniers les compagnons d'Ulysse qu'elle a métamorphosés en porcs.

Ils trouvèrent la maison de Circé, bâtie de pierres polies, dans un val[1], en un lieu découvert : il y avait autour des loups montagnards et des lions, qu'elle avait ensorcelés, après leur avoir donné de mauvaises drogues. Ils ne sautèrent pas sur

---

1. *Val* : vallée.

⁵ les hommes, mais se tinrent autour d'eux, en les flattant[1]
de leurs longues queues. Comme les chiens entourent leur
maître, qui revient du festin, et le flattent, car il leur apporte
toujours des douceurs ; ainsi les loups aux fortes griffes et
les lions flattaient mes gens ; ceux-ci furent saisis de crainte,
¹⁰ à la vue de ces terribles monstres. Ils s'arrêtèrent dans le
vestibule[2] de la déesse aux-belles-boucles, et ils entendaient
Circé, qui à l'intérieur chantait de sa belle voix, en tissant
au métier une grande toile immortelle, comme sont les
fins, gracieux, brillants ouvrages des déesses. Le premier
¹⁵ qui parla fut Politès, le meneur de guerriers, le plus sensé
de mes compagnons et le plus cher à mon cœur : «Amis, il
y a là-dedans quelqu'un qui tisse à un grand métier et fait
entendre un beau chant, dont tout le sol résonne ; est-ce
une déesse ou une femme ? Crions, sans tarder.»

²⁰ Il dit, et les autres de crier en appelant. Elle sortit aussitôt, ouvrit la porte brillante, les invita. Et tous suivirent,
dans leur folie. Mais Eurylochos resta ; il avait deviné une
ruse. Elle les fit entrer et asseoir sur des chaises et des fauteuils ; puis elle battait le fromage, la farine d'orge et le miel
²⁵ vert dans le vin de Pramnos[3], et dans leur coupe elle mêlait
de funestes drogues, pour leur faire perdre tout souvenir de
la terre paternelle. Quand elle leur eut donné le breuvage et
qu'ils eurent tout bu, elle les frappe de sa baguette et va les
enfermer aux stalles[4] de ses porcs. Des porcs, ils avaient la

---

1. *En les flattant* : en les caressant.
2. *Vestibule* : entrée.
3. *Pramnos* : nom antique d'une chaîne de montagnes située sur l'île
grecque Icarie.
4. *Stalles* : compartiments cloisonnés dans lesquels on enferme des animaux, généralement les chevaux.

30 tête, la voix, les soies[1], le corps ; mais leur esprit était resté
le même qu'auparavant. Ainsi, ils pleuraient enfermés, et
Circé leur jetait à manger farines, glands, cornouilles[2], la
pâture ordinaire des cochons qui couchent sur le sol.

Eurylochos revint vite au noir vaisseau rapide apporter
35 des nouvelles de ses compagnons et de leur triste sort. Il
ne pouvait prononcer aucune parole, malgré son envie, tel
était le chagrin qui étreignait son cœur. Ses yeux étaient
remplis de larmes et son cœur ne savait que gémir. Mais
comme tout étonnés, nous l'interrogions, il nous raconta
40 la perte de ses compagnons : «Nous allions à travers la
chênaie[3], comme tu l'avais ordonné, illustre Ulysse ; nous
trouvons, au fond du val, une belle maison en pierres lis-
ses, dans un lieu découvert ; là, tissant à un grand métier,
quelqu'un, déesse ou femme, chantait d'une voix harmo-
45 nieuse : mes compagnons crièrent pour l'appeler ; elle sortit aussitôt, ouvrit la porte brillante et nous pressa d'entrer.
Et tous alors suivirent dans leur folie. Mais moi, je restai,
ayant deviné une ruse. Toute la troupe disparut : aucun
d'eux ne revint. Et cependant, je me tins fort longtemps
50 aux aguets.»

Il parlait ainsi, et, moi, je jetai sur mes épaules ma grande
épée de bronze aux clous d'argent, avec mon arc. Et je l'en-
geai à refaire le même chemin, pour me guider. Mais lui,
me prenant les genoux de ses deux bras, m'implorait et
55 gémissant m'adressait ces paroles ailées : «Ne me conduis
pas là malgré moi, nourrisson de Zeus[4] ; laisse-moi ici. Je

---

1. *Soies* : poils.
2. *Cornouilles* : fruits à noyaux, rouge sombre, de la taille d'une cerise.
3. *Chênaie* : bois de chêne.
4. Roi des dieux, Zeus est le père des dieux et des hommes.

suis sûr que tu ne reviendras pas et ne ramèneras aucun de tes compagnons. Hâtons-nous plutôt de fuir avec ceux-ci ; peut-être pourrions-nous encore éviter le jour funeste.» Il
60 parlait ainsi, et moi je lui répliquai : «Eurylochos, reste donc ici, à cette place, à manger et boire, près du noir vaisseau creux ; mais moi, j'irai ; la pressante nécessité m'y pousse.»

Ayant dit, je m'éloignai du vaisseau et de la mer. J'étais
65 sur le point d'atteindre dans ma marche à travers les vallons sacrés la grande demeure de Circé aux mille drogues, quand, sur le chemin de la maison, Hermès[1] à la baguette d'or vint vers moi, sous les traits d'un jeune homme, qui a son premier duvet et la grâce charmante de cet âge. Il
70 me toucha la main, prit la parole et s'exprima ainsi : «Où vas-tu donc, malheureux, seul, à travers ces collines, sans connaître les lieux ? Tes compagnons, qui sont allés chez Circé, sont maintenant enfermés comme des porcs en des étables bien closes ; vas-tu pour les délivrer ? Je te prédis
75 que tu ne reviendras pas ; tu resteras, toi aussi, où sont les autres. Mais, je te préserverai de ces maux et te sauverai. Tiens, prends, avant d'aller dans la demeure de Circé, cette bonne herbe, qui éloignera de ta tête le jour funeste. Je te dirai toutes les ruses maléfiques de Circé. Elle te prépa-
80 rera une mixture ; elle jettera une drogue dans ta coupe ; mais, même ainsi, elle ne pourra t'ensorceler ; car la bonne herbe, que je vais te donner, en empêchera l'effet. Je te dirai tout en détail : quand Circé te touchera de sa grande

---

1. **Hermès** : fils de Zeus et de Maia ; dieu des voyageurs, du commerce et du mensonge. C'est aussi le messager des dieux ; il est souvent représenté avec son caducée (baguette entourée de deux serpents entrelacés et surmontée de deux courtes ailes).

baguette, alors tire du long de ta cuisse ton épée aiguë, et
85 saute sur elle, comme si tu voulais la tuer. Elle, par crainte,
te pressera de partager sa couche ; ce n'est plus le moment
de refuser le lit d'une déesse, si tu veux qu'elle délivre tes
compagnons et assure ton retour ; mais fais-lui prêter le
grand serment des bienheureux, qu'elle ne méditera contre
90 toi aucun mauvais dessein[1], qu'elle ne profitera pas de ta
nudité pour te priver de ta force et de ta virilité. »

Ayant ainsi parlé, l'Argiphonte[2] me donna l'herbe, qu'il
avait arrachée du sol et m'en expliqua la vertu. Sa racine
était noire, sa fleur blanche comme le lait. Les dieux l'ap-
95 pellent moly ; elle est difficile à arracher pour les hommes
mortels ; mais les dieux peuvent tout.

Hermès s'en alla ensuite vers le grand Olympe[3], à travers
l'île boisée ; et moi, je me dirigeai vers la demeure de Circé,
et tout en marchant, j'agitais mille pensées en mon cœur.
100 Je m'arrêtai sous le porche de la déesse aux-belles-boucles.
Debout là, je criai, et la déesse entendit ma voix. Elle sortit
aussitôt, ouvrit la porte brillante et m'invita. Moi, je la sui-
vis, le cœur navré. Elle m'introduisit et me fit asseoir sur un
fauteuil aux clous d'argent, beau et bien incrusté ; sous mes
105 pieds était un tabouret. Elle me prépara un mélange dans
une coupe d'or, m'invitant à boire, et y jeta une drogue,
méditant en elle-même mon malheur. Mais, quand elle me
l'eut donnée, et que je l'eus toute vidée, sans en ressentir
l'effet, alors, elle me frappa de sa baguette, et, prenant la
110 parole, elle me dit : « Viens maintenant à l'étable à porcs, et
couche-toi avec tes compagnons. »

---

1. *Dessein* : projet.
2. *L'Argiphonte* : autre nom donné à Hermès.
3. *Olympe* : demeure des dieux dans la mythologie grecque.

Ainsi parlait-elle, et moi, je tirai du long de ma cuisse mon épée aiguë et m'élançai sur Circé, comme ayant envie de la tuer. Elle pousse un grand cri, se jette à mes genoux,
115 les prend, et, gémissante, m'adresse ces paroles ailées : «Qui es-tu ? De quel pays viens-tu ? Où sont ta cité, tes parents ? L'étonnement me saisit ; car cette drogue, que tu as bue, ne t'a pas ensorcelé ; et jamais homme qui en but n'a résisté à ce breuvage, dès qu'il eut franchi la barrière de ses dents. Tu
120 as en la poitrine un esprit rebelle aux sortilèges. Tu es donc Ulysse aux mille expédients[1], dont Argiphonte à la baguette d'or me prédisait toujours l'arrivée, quand il reviendrait de Troie sur son rapide vaisseau noir. Allons ! Remets ton épée au fourreau, et ensuite allons dans mon lit, afin de nous unir
125 d'amour et d'avoir désormais une mutuelle confiance.»

Elle parlait ainsi ; mais moi, je lui répliquai : «Circé, comment peux-tu m'engager à être aimable pour toi, qui m'as changé dans ton manoir mes compagnons en porcs, et qui, me tenant ici, médites un dessein perfide en m'invitant à
130 entrer dans ta chambre, à monter dans ta couche ; tu veux que je sois nu pour m'ôter la force et la virilité ; mais moi, je ne saurais consentir à monter dans ton lit, si tu n'acceptes, déesse, de t'engager par un grand serment à ne point me tendre un nouveau piège.» Je dis, et aussitôt elle jura de s'en abs-
135 tenir, comme je le demandais. Quand elle eut juré et achevé son serment, alors je montai sur le lit splendide de Circé.

Les servantes, cependant, travaillaient dans le manoir. Elles sont quatre qui font le service de la demeure : elles sont nées des sources, des bois, des fleuves sacrés, qui s'en
140 vont à la mer. L'une jetait sur les fauteuils de belles étoffes

---

1. *Expédients* : ruses.

de pourpre, par-dessus ; car, dessous, elle avait étendu un tissu de lin. L'autre, devant les fauteuils, déployait des tables d'argent et plaçait dessus des corbeilles d'or. La troisième mêlait dans un cratère d'argent du doux vin au fumet de 145 miel et disposait des coupes d'or. La quatrième apportait l'eau et allumait un feu abondant sous un grand trépied[1], et l'eau commençait à chauffer. Puis, quand l'eau eut bouilli dans le bronze luisant, elle me fit entrer dans la baignoire, et après avoir doucement attiédi l'eau du grand trépied, elle 150 m'en lavait la tête et les épaules, pour chasser de mon corps la fatigue qui ronge le cœur. Et puis, m'ayant lavé et frotté d'huile fluide, elle me revêtit d'un beau manteau par-dessus une tunique, et me conduisit dans la grand-salle, où elle me fit asseoir sur un beau fauteuil à clous d'argent, bien ciselé, 155 et sous mes pieds était un tabouret. Une suivante apportait et versait d'une belle aiguière[2] d'or de l'eau pour les mains au-dessus d'un plat d'argent ; puis elle déployait devant moi une table polie. Une intendante vénérable[3] apporta et servit le pain, y ajouta bien d'autres mets, m'offrant ses 160 réserves. Elle m'invitait à manger ; mais cela ne plaisait pas à mon cœur, je restais là pensant à autre chose, et mon esprit prévoyait des malheurs.

Quand Circé me vit ainsi immobile, sans tendre les mains vers le pain, et en proie à une violente douleur, elle 165 vint près de moi et m'adressa ces paroles ailées : « Pourquoi, Ulysse, rester assis, comme un muet, à te ronger le cœur, sans toucher mets ni boisson ? Crains-tu quelque nouveau

---

1. *Trépied* : support à trois pieds qui sert à faire chauffer un récipient sur le feu.
2. *Aiguière* : vase précieux contenant de l'eau.
3. *Vénérable* : digne de respect.

sortilège ? Tu dois avoir entière confiance. Car je me suis
engagée envers toi par un serment imposant. » Ainsi parlait-
170 elle ; et moi, je lui repartis[1] : « Circé, quel homme pourvu de
sens oserait toucher aux mets, à la boisson, avant d'avoir
délivré ses compagnons et de les voir de ses yeux ? Si tu
m'invites sérieusement à boire et manger, délivre, pour que
je les voie de mes yeux, mes fidèles compagnons. »

175   Je dis, et Circé traversait la grand-salle, sa baguette à la
main ; elle ouvrit les portes de l'étable ; elle en fit sortir des
êtres que leur graisse rendait pareils à des porcs de neuf ans.
Quand ils furent debout, face à elle, elle passa dans leurs
rangs et frotta chacun d'une nouvelle drogue. De leurs mem-
180 bres tombaient les soies, dont les avait d'abord couverts la
drogue funeste offerte par la puissante Circé. Ils redevinrent
des hommes, plus jeunes qu'ils n'étaient auparavant, beaucoup plus beaux et plus grands d'aspect. Ils me reconnurent
et chacun me serrait les mains. Et tous éprouvaient le désir
185 des sanglots : ce fut, dans la maison, une terrible clameur. La
déesse même en avait pitié. Et s'approchant de moi, elle me
dit, la déesse illustre : « Nourrisson de Zeus, fils de Laërte,
Ulysse aux mille expédients, va maintenant vers ton vaisseau
rapide et le rivage de la mer. Tirez tout d'abord le vaisseau
190 à sec ; mettez vos biens et tous les agrès dans des grottes ; et
toi, reviens ici et amène tes fidèles compagnons. »

Homère, *Odyssée*, chant X, trad. Médéric Dufour
et Jeanne Raison, GF-Flammarion, 1993.

---

1. *Je lui repartis* : je lui répondis.

La Sibylle de Panzoust

(Rabelais, *Le Tiers Livre*)

Moine devenu médecin, François Rabelais (1494-1553) est l'un des auteurs les plus célèbres de la Renaissance française. C'est un humaniste passionné de grec qui rêve d'une connaissance universelle. Ses deux premiers ouvrages, *Pantagruel* (1532) et *Gargantua* (1534), paraissent sous le pseudonyme d'Alcofrybas Nasier (anagramme du nom de l'auteur). Les personnages éponymes[1] de ces romans sont des géants inspirés du folklore et de la tradition orale populaire. On les retrouve notamment dans *Le Tiers Livre* (1546), qui – comme *Pantagruel* et *Gargantua* – fut censuré par la faculté de théologie de la Sorbonne au moment de sa parution.

Dans ce passage du *Tiers Livre*, Panurge, un amoureux de la vie qui dilapide ses biens sans compter, a décidé de suivre les sages conseils de son ami Pantagruel et de prendre une épouse.

Doutant fort de la fidélité féminine et craignant d'être trompé, il s'est laissé convaincre par Pantagruel de consulter une devineresse qui, par son aspect et ses pratiques, lui semble être une terrible sorcière.

---

1. *Éponymes* : qui donnent leur nom aux titres des œuvres.

Ils cheminèrent pendant trois jours. Le troisième, sur la croupe d'une montagne, sous un grand et large châtaignier, on leur montra la maison de la vaticinatrice[1]. Ils entrèrent sans difficulté dans la cabane à toit de chaume, mal bâtie, mal meublée, toute enfumée.

«Bah! dit Épistémon[2], Héraclite, grand scotiste[3] et philosophe obscur, ne fut pas étonné en entrant dans une maison semblable, et il faisait comprendre à ses adeptes et disciples que les dieux résidaient aussi bien là que dans les palais pleins de délices. Et je crois que telle était la cabane de la si célèbre Hécalé[4], quand elle y accueillit chaleureusement le jeune Thésée; telle aussi celle d'Hirée ou Œnopion, où Jupiter, Neptune et Mercure ensemble ne dédaignèrent pas d'entrer, se nourrir et loger, et où, pour écot[5], ils forgèrent Orion en payant en liquide, de leur pot[6].»

Au coin de la cheminée ils trouvèrent la vieille.

---

1. *Vaticinatrice* : personne qui prétend connaître l'avenir.
2. *Épistémon* : ami de Panurge et de Pantagruel.
3. Par jeu, Héraclite (v. 576-480 av. J.-C.), philosophe grec de l'Antiquité, est assimilé à un scotiste, c'est-à-dire un disciple du théologien et philosophe John Duns Scot (v. 1266-1308) que Rabelais et les humanistes n'appréciaient pas beaucoup. Rabelais feint de confondre la transcription du grec *skoteïnos*, «obscur» (adjectif appliqué à la pensée d'Héraclite), et l'adjectif «scotiste».
4. *Hécalé* : vieille femme qui offrit l'hospitalité au héros grec Thésée venu à Marathon (à l'est d'Athènes) combattre le taureau furieux qui ravageait le pays.
5. *Écot* : contribution.
6. Allusion à la naissance légendaire d'Orion, né de l'urine de Jupiter, de Neptune et de Mercure.

«C'est, s'écria Épistémon, tout à fait une Sibylle[1] et tout à fait le portrait qu'Homère a représenté au naturel dans 20 *La Cendreuse*[2].»

La vieille était mal fichue, mal vêtue, mal nourrie, édentée, chassieuse[3], toute voûtée, morveuse, souffreteuse[4], et faisait un potage de choux verts avec une couenne[5] de lard jaune et un vieil os à moelle.

25 «Vert de bleu! dit Épistémon, nous nous sommes trompés. Nous n'aurons d'elle aucune réponse, car nous n'avons pas le rameau d'or[6].

– J'y ai pensé, répondit Panurge. Je l'ai ici dans ma gibecière[7] : c'est un jonc[8] d'or avec de beaux et joyeux caro- 30 lus[9].»

Cela dit, Panurge la salua profondément, lui présenta six langues de bœuf fumées, un grand pot à beurre plein de couscous, une gourde bien pourvue de breuvage, une couille de bélier[10] pleine de carolus récemment frappés,

---

1. *Sibylle* : devineresse de l'Antiquité. Sa prédiction était souvent énigmatique.

2. Dans l'*Odyssée*, un mendiant compare Ulysse à une vieille femme assise auprès du feu.

3. *Chassieuse* : dont les paupières sont infectées.

4. *Souffreteuse* : fragile, maladive.

5. *Couenne* : peau de porc.

6. Le rameau d'or est le talisman (objet aux vertus magiques de protection) que la Sibylle donna à Énée – héros troyen dont le poète Virgile (70-19 av. J.-C.) rapporte les pérégrinations après la chute de Troie dans l'*Énéide* – pour son voyage aux Enfers.

7. *Gibecière* : bourse portée à la ceinture.

8. *Jonc* : bague.

9. *Carolus* : pièces d'une monnaie frappée sous Charles VIII et employée comme monnaie de compte jusqu'au XVIIIᵉ siècle.

10. Dans l'enveloppe testiculaire du bélier, les Anciens fabriquaient des porte-monnaie.

35 enfin, avec une profonde révérence, il lui mit à l'annulaire
un jonc d'or bien beau où se trouvait magnifiquement
enchâssée une crapaudine de Beuxes[1]. Puis en peu de mots
il lui exposa le motif de sa venue, la priant courtoisement
de lui dire son avis, et la bonne aventure pour le mariage
40 auquel il songeait.

La vieille resta quelque temps silencieuse, pensive et grin-
çant des dents, puis s'assit sur le cul d'un boisseau[2], prit
dans ses mains trois vieux fuseaux[3], les tourna et retourna
entre ses doigts de différentes manières, puis essaya leurs
45 pointes, garda dans sa main le plus pointu, jeta les deux
autres sous un mortier[4] à millet. Ensuite elle prit ses dévidoirs[5] et les fit tourner par neuf fois : au neuvième tour elle
considéra, sans plus les toucher, le mouvement des dévidoirs et attendit leur arrêt total. Par la suite je vis qu'elle ôta
50 un de ses esclos (c'est ce que nous appelons sabots), mit
son tablier sur la tête comme les prêtres mettent leur amict[6]
quand ils veulent chanter la messe, puis avec un vieux tissu
bariolé, bigarré[7], se l'attacha au cou. Ainsi vêtue, elle but
une lampée à la gourde, prit trois carolus de la couille de
55 bélier, les mit dans trois coques de noix et les posa sur le
cul d'un pot à plumes, fit trois passages de balai à travers
la cheminée, jeta au feu un demi-fagot de bruyère et un

---

1. Crapaudine : pierre précieuse aux vertus magiques ; on croyait qu'elle
provenait de la tête du crapaud. **Beuxes** se trouve dans le département
de la Vienne, près de Loudun.
2. Boisseau : récipient cylindrique qui sert à mesurer le grain ou la farine.
3. Fuseaux : instruments qui servent à filer.
4. Mortier : récipient dans lequel on broie le grain, ici de millet.
5. Dévidoirs : instruments qui servent à enrouler les fils.
6. Amict : linge béni que revêt celui qui célèbre la messe.
7. Bigarré : synonyme de «bariolé».

rameau de laurier sec. Elle le regarda brûler en silence et vit qu'en brûlant il ne faisait ni grésillement ni bruit. Alors
60 elle cria de façon effroyable, faisant sonner entre ses dents quelques mots barbares et à la terminaison étrange, de telle sorte que Panurge dit à Épistémon : «Vertudieu, je tremble! je crois que je suis sous le coup d'un charme[1] ; elle ne parle pas chrétien. Voyez comme elle me semble de quatre
65 empans[2] plus grande qu'elle n'était quand elle se couvrit la tête de son tablier. Que signifie ce remuement des lèvres ? Que veut dire cette agitation des épaules ? Pourquoi bourdonne-t-elle des babines comme un singe qui décortique des écrevisses ? Les oreilles me cornent[3], je crois que j'en-
70 tends Proserpine[4] qui fait du tintamarre; les diables vont bientôt sortir ici même. Oh les vilaines bêtes ! Fuyons, par le Serpent de Dieu, je meurs de peur ! Je n'aime pas les diables, ils me rendent malade et ne sont pas agréables du tout. Fuyons ! Adieu, madame, grand merci pour vos bien-
75 faits ! Je ne me marierai pas, non ! J'y renonce maintenant comme depuis toujours.»

Ainsi, il entreprenait de déguerpir de la chambre; mais la vieille prit les devants, tenant le fuseau dans la main, et sortit dans un enclos près de sa maison. Là, il y avait un
80 antique sycomore[5] ; elle le secoua par trois fois et, sur huit feuilles qui en tombèrent, brièvement, avec le fuseau, elle écrivit quelques vers courts. Puis elle les jeta au vent et dit à

---

1. *Charme* : envoûtement.
2. *Empans* : ancienne mesure de longueur d'une vingtaine de centimètres.
3. *Me cornent* : me sifflent.
4. *Proserpine* : reine des Enfers, épouse de Pluton dans la mythologie romaine.
5. *Sycomore* : figuier originaire d'Égypte.

la compagnie : «Allez les chercher si vous voulez ; trouvez-
les si vous pouvez, le sort que le destin a fixé pour votre
85 mariage y est écrit.»

   Sur ces mots, elle se retira dans son repaire, et sur le
seuil de la porte retroussa sa robe, sa jupe et sa chemise
jusqu'aux aisselles, et leur montra son cul. Panurge le vit et
dit à Épistémon : «Par le sang, par la foi... en bois, voilà le
90 trou de la Sibylle[1].»

Rabelais, *Le Tiers Livre*, chap. XVII,
translation en français moderne Guy Demerson,
© Seuil, 1973, 1995,
rééd. coll. «Points», 1997.

---

1. Jeu de mots grivois et allusion à l'*Énéide* de Virgile, qui évoque la
grotte de la Sibylle (*Sibullæ antrum*).

Jeannot et Margot

(Grimm, *Contes*)

Jacob (1785-1863) et Wilhelm (1786-1859) Grimm sont deux frères passionnés de contes et de légendes. Ils passent une partie de leur existence à les collecter et à les publier. On leur doit les *Contes d'enfants et du foyer* (1812), ainsi que deux recueils de légendes germaniques (*Légendes allemandes*, 1818, et *Légende héroïque allemande*, 1829). Ils ont aussi travaillé à l'histoire et à l'étude de la langue allemande (*Histoire de la langue allemande*, 1848, et *Dictionnaire allemand*, 1852-1859).

Le conte populaire ci-dessous et les deux suivants (« Le Tambour », p. 46, et « Raiponce », p. 61) offrent des motifs caractéristiques du genre et présentent différents visages de la sorcière : les enfants abandonnés et la sorcière cannibale (dans « Jeannot et Margot »), l'opposition magie blanche/sorcellerie (dans « Le Tambour »), la sorcière marâtre (dans « Raiponce »).

Tout près d'une grande forêt vivaient un pauvre bûcheron, sa femme et leurs deux enfants : un garçon qui s'appelait Jeannot, et une fillette qui se nommait Margot. Le bûcheron gagnait si peu qu'il n'avait presque rien à leur

5 donner à manger d'ordinaire, mais lorsqu'il y eut la famine dans la contrée, ce fut même le pain quotidien qui manqua. Un soir qu'il ne pouvait dormir à cause de ses soucis et qu'il se retournait dans son lit en soupirant à cause de ses tristes pensées, il dit à sa femme : «Qu'allons-nous deve-
10 nir ? Et comment pourrions-nous faire manger nos enfants quand nous n'avons rien à manger nous-mêmes ?

– Sais-tu quoi, mon homme ? Demain matin, de très bonne heure, nous emmènerons les enfants dans la forêt, là où elle est la plus épaisse. Nous leur préparerons un feu
15 là-bas, et nous leur donnerons encore à chacun un dernier petit bout de pain, puis nous irons à notre travail et nous les laisserons seuls. Ils ne retrouveront plus le chemin de la maison et nous en serons débarrassés.

– Non, femme, je ne peux pas faire cela ! dit-il. Comment
20 prendrais-je sur mon cœur de laisser mes enfants tout seuls dans la forêt, avec les bêtes sauvages qui ne tarderaient pas à venir les dévorer ?

– Idiot que tu es ! dit la femme. Nous allons donc mou- rir de faim tous les quatre, et il ne te reste plus qu'à raboter
25 les planches pour nos cercueils ! »

Sans lui laisser ni trêve ni repos, elle continua et insista jusqu'à ce qu'il eût consenti.

«Mais quand même, dit l'homme, ces pauvres enfants me font regret.»
30 Les deux enfants, qui ne pouvaient pas dormir à cause de la faim, avaient tout entendu de ce que la marâtre[1] avait

---

1. *Marâtre* : initialement, le mot désigne la belle-mère (la seconde épouse), pour les enfants issus d'un premier mariage ; la «marâtre» étant toujours détestable dans les contes, le terme a peu à peu servi à désigner la mère méchante ou dénaturée.

dit à leur père. Margot, en pleurant des larmes amères, dit à Jeannot : «À présent, c'en est fini de nous !

– Console-toi, Margot, ne te mets pas en peine, dit
35 Jeannot : j'aurai tôt fait de nous tirer de là.»

Et quand les parents furent endormis, il se glissa à bas du lit, enfila sa petite veste, courut jusqu'à la porte-coupée[1], dont il ouvrit le bas, et passa dehors. C'était en plein clair de lune et le gravier, devant la maison, faisait luire ses petits
40 cailloux comme autant de sous neufs. Jeannot se baissa et en ramassa tant qu'il put en mettre dans ses petites poches ; puis il rentra et dit à Margot : «Tranquillise-toi, ma chère petite sœur, tu peux dormir en paix et avoir confiance : Dieu ne nous abandonnera pas.» Puis il se remit au lit.

45 À la pointe du jour, bien avant le lever du soleil, la femme s'en venait réveiller les deux enfants : «Debout ! Debout, paresseux, leur dit-elle, nous allons dans la forêt pour y faire du bois.» Ensuite elle leur donna à chacun un petit bout de pain en leur disant : «Comme cela, vous aurez un petit quel-
50 que chose pour midi ; mais ne le mangez pas avant, parce qu'il n'y aura rien d'autre.» Margot serra[2] le pain sous son tablier puisque Jeannot avait les cailloux dans ses poches ; et en route pour la forêt. Après un petit bout de chemin, Jeannot s'arrêta et se retourna pour jeter un coup d'œil du
55 côté de la maison, puis encore un peu plus loin, et encore, et encore il recommençait la même chose.

«Qu'est-ce que tu as à toujours regarder et traîner en arrière ? lui dit son père. Tâche de faire attention et n'oublie pas de faire marcher tes jambes !

---

1. *Porte-coupée* : porte coupée en hauteur, pourvue de battants en parties basse et haute.
2. *Serra* : rangea.

60 – Oh! père, c'est mon petit chat blanc que je regardais :
il est monté sur le toit et veut me dire adieu.

– Idiot, dit la femme, ce n'est pas ton chat : c'est le soleil
levant qui luit sur la cheminée!»

Mais Jeannot n'avait ni regardé, ni vu son petit chat; il
65 avait seulement tiré chaque fois un petit caillou blanc de sa
poche pour le jeter sur le chemin.

Lorsqu'ils furent arrivés au beau milieu de la forêt, le
père dit : «À présent, les enfants, vous allez me ramasser
du bois : je vais vous faire un feu pour que vous n'ayez pas
70 froid.» Jeannot et Margot rapportèrent du bois mort et en
firent tous les deux une petite montagne. Le feu fut allumé,
et quand la flamme fut bien haute, la femme dit : «Vous, les
enfants, couchez-vous près du feu et reposez-vous pendant
que nous allons plus loin faire du bois. Nous viendrons
75 vous chercher quand nous aurons fini.»

Jeannot et Margot se tinrent sagement près du feu, et
quand ce fut midi, chacun mangea son petit bout de pain.
Ils croyaient que leur père n'était pas loin, parce qu'ils
entendaient les coups de la cognée[1]; mais ce n'était pas sa
80 hache qu'ils entendaient frapper : c'était une grosse branche qu'il avait attachée de telle sorte que le vent la fît battre
çà et là. Et comme ils étaient restés là longtemps, ils eurent
les yeux lourds de fatigue et ils finirent par s'endormir.
Quand ils se réveillèrent, c'était déjà nuit noire. Margot
85 commença à pleurer en disant : «Comment allons-nous
faire à présent pour sortir de la forêt?» Mais Jeannot la
réconforta et lui dit : «Attends seulement que la lune se
lève, ce ne sera pas long, et nous trouverons bien le che-

---

1. *Cognée* : grosse hache utilisée autrefois pour fendre le bois.

min.» Et quand la pleine lune fut levée, Jeannot prit Margot
90 par la main et emmena sa petite sœur en suivant le chemin
tracé par les cailloux blancs, qui luisaient comme des sous
neufs. Ils marchèrent toute la nuit et n'arrivèrent qu'à la
pointe du jour devant la maison de leur père. Ils frappè-
rent à la porte et la femme vint ouvrir ; et quand elle vit
95 que c'étaient Jeannot et Margot, elle s'écria : «Méchants
enfants ! Dormir si longtemps dans la forêt, en voilà des
façons ! Nous avons cru que vous vouliez ne plus jamais
revenir.» Le père, par contre, se réjouit de les revoir, car son
cœur lui pesait de les avoir laissés comme cela, tout seuls.

100 Mais au bout de très peu de temps ce fut de nouveau la
misère chez eux, et le besoin était dans tous les coins ; et de
nouveau les enfants entendirent leur mère qui parlait avec
leur père et qui lui disait : «Voilà que tout est encore mangé :
une demi-miche de pain, c'est tout ce qu'il nous reste, et
105 après c'est fini la musique. Il faut expédier les enfants,
mais cette fois nous les mènerons bien plus profond dans
la forêt pour qu'ils n'arrivent pas à retrouver le chemin ;
autrement, pas de salut[1] pour nous.» L'homme se sentit un
gros poids sur le cœur et pensa : «Mieux vaudrait partager
110 avec les enfants ta dernière bouchée !» Sa femme ne voulut
rien entendre de ce qu'il pouvait dire ; elle le rabroua[2], au
contraire, le houspilla[3] et l'accabla de reproches. Qui a dit
A doit aussi dire B, et puisqu'il avait consenti la première
fois, il fallut bien qu'il cédât la seconde aussi.

115 Mais les enfants ne dormaient pas non plus, et ils avaient
surpris tout le dialogue. Aussi Jeannot se leva-t-il quand les

---

1. *Salut* : fait d'échapper à une situation difficile ou dangereuse.
2. *Le rabroua* : le traita avec rudesse.
3. *Le houspilla* : le maltraita en le grondant.

vieux se furent endormis, comme la fois d'avant, voulant se glisser dehors. Mais cette fois la mère avait fermé les deux parties de la porte et il ne put sortir. Néanmoins, il récon-
120 forta sa petite sœur et lui dit : «Ne t'inquiète pas, Margot, tu n'as pas besoin de pleurer et tu peux dormir tranquille : Dieu nous assistera encore.»

Au petit matin, la femme vint tirer les enfants du lit, mais le petit bout de pain qu'ils reçurent était encore un plus
125 petit bout que l'autre fois. En route vers la forêt, Jeannot l'émietta dans sa poche et s'arrêta de temps à autre pour en jeter une miette sur le chemin.

«Jeannot, qu'est-ce que tu restes en arrière à regarder n'importe quoi ? gronda le père. Allons, avance !
130 – C'est mon petit pigeon blanc que je regardais, dit Jeannot : il est perché sur le toit et veut me dire adieu.

– Idiot, ce n'est pas ton petit pigeon, dit la femme : c'est le soleil levant qui luit sur la cheminée !»

Ce qui n'empêcha pas le garçon de jeter de place en
135 place toutes les miettes de son pain sur le chemin.

La femme emmena les enfants bien plus au cœur de la forêt, dans un endroit qu'ils n'avaient jamais vu de leur vie. Un grand feu fut préparé de nouveau et la mère leur dit : «Restez là, les enfants, et quand vous serez fatigués,
140 vous n'aurez qu'à dormir un peu : nous allons faire du bois un peu plus loin et ce soir, quand nous aurons fini, nous viendrons vous chercher.» Lorsque ce fut midi, Margot partagea son peu de pain avec Jeannot, puisqu'il avait semé son morceau miette par miette tout le long du chemin.
145 Après, les enfants s'endormirent et le temps passa ; l'après-midi s'écoula, puis le soir, mais personne ne revint près des pauvres petits. Quand ils se réveillèrent enfin, c'était

déjà nuit noire, et Jeannot consola sa petite sœur en lui disant : «Attends seulement que la lune se lève, Margot, 150 alors nous pourrons voir les miettes que j'ai répandues et qui nous montreront le chemin jusqu'à la maison.» La lune monta et ils se levèrent, mais ils ne trouvèrent plus une seule miette de pain nulle part, car les milliers de becs des milliers d'oiseaux qui volent tout partout, dans la forêt ou 155 la campagne, les avaient avalées.

«Nous trouverons bien notre chemin quand même, va!» dit Jeannot à Margot. Mais ils ne le trouvèrent pas. Ils marchèrent toute la nuit et encore toute la journée du matin jusqu'au soir, mais ils n'étaient toujours pas sortis 160 de la grande forêt; et comme ils n'avaient rien mangé que quelques rares petits fruits qu'ils avaient pu trouver par terre, quelle faim ils avaient! Ils étaient tellement fatigués que leurs jambes ne voulaient plus les porter. Alors ils se laissèrent tomber au pied d'un arbre et s'y endormirent. 165 Le matin fut vite là, et c'était déjà leur troisième journée loin de la maison paternelle. Ils se remirent en marche, mais ce fut pour s'enfoncer toujours plus profondément dans la forêt; s'il ne leur venait pas un prompt[1] secours, ils allaient infailliblement[2] mourir d'épuisement. Or, vers 170 midi, ils aperçurent sur une branche un bel oiseau blanc comme neige, et il chantait si joliment qu'ils s'arrêtèrent pour l'écouter. Son chant fini, l'oiseau ouvrit ses ailes et voleta devant eux, et ils le suivirent jusqu'auprès d'une maisonnette, sur le toit de laquelle il alla se poser. En appro- 175 chant encore, ils virent que la maisonnette avait des murs

---

1. *Prompt* : rapide.
2. *Infailliblement* : de façon certaine.

de pain d'épices et un toit de biscuit ; quant aux fenêtres, elles étaient de sucre filé.

«Nous allons croquer dedans, que c'en est une bénédiction ! Moi je mange un bout de toit, dit Jeannot, et toi,
180 Margot, tu peux manger de la fenêtre, c'est tout sucré.»

Il se mit sur la pointe des pieds pour atteindre le toit, et s'en cassa d'abord un petit bout pour voir si c'était bon, tandis que Margot s'agrippait à la fenêtre et se mettait à en grignoter. Alors une douce voix sortit de l'intérieur :

185 *Et j'te grignote et grignotons,*
Qui me grignote ma maison ?

Tranquillement, les enfants répondirent :

C'est le vent, c'est le vent,
C'est le céleste enfant,

190 et ils continuèrent à manger sans se laisser troubler ni déranger. Jeannot, qui avait trouvé le toit fort à son goût, s'en cassa du coup un bon morceau, et Margot, de son côté, avait ôté de la fenêtre toute une belle vitre ronde, s'était assise par terre et s'en régalait tout son soûl[1]. Mais voilà
195 que la porte s'ouvre d'un coup, et qu'une vieille encore plus vieille que les pierres s'avance à petits pas dehors, en béquillant sur sa béquille. Jeannot et Margot en furent si violemment épouvantés qu'ils en laissèrent tomber ce qu'ils avaient dans les mains. Mais la vieille branla la tête
200 et dit : «Hé, hé ! mes chers enfants, qui vous a amenés ici ?

---

1. *Tout son soûl* : autant qu'elle le désirait.

Mais entrez donc, voyons ! et restez chez moi, il ne vous arrivera rien de mal. » Elle les prit par la main tous les deux et les conduisit dans sa maisonnette. Là, ils eurent devant eux de bonnes choses à manger, du lait et des crêpes au
205 sucre, des pommes et des noix ; puis ils eurent deux beaux petits lits blancs pour se coucher, et ils se crurent au ciel.

Mais si la vieille avait été si aimable, c'était seulement pour faire semblant : en réalité c'était une méchante sorcière qui guettait les enfants, et c'était justement pour les
210 attirer qu'elle avait construit sa maisonnette de pain d'épices. Une fois qu'ils étaient en son pouvoir, elle les tuait, les faisait cuire et les mangeait, ce qui était pour elle un jour de fête. Les sorcières ont les yeux rouges et la vue si basse qu'elles n'y voient que de tout près ; mais elles ont une
215 espèce de flair, comme les animaux, et elles savent très bien quand on approche d'elles. Ainsi quand Jeannot et Margot arrivèrent dans les environs, elle avait ricané méchamment et dit en se réjouissant d'avance : « Je les tiens, ceux-là, ils ne m'échapperont plus ! » Le lendemain matin, très tôt, elle se
220 leva avant le réveil des enfants, et quand elle les vit dormir si gentiment, avec leurs bonnes joues rouges, elle se chuchota à elle-même : « Un fameux morceau que je vais avoir là ! » Alors elle empoigna Jeannot de ses mains sèches et le porta dans une petite remise[1] où elle l'enferma derrière une
225 porte grillée : il pouvait bien crier tant qu'il voulait, cela ne servait à rien. Ensuite elle revint secouer Margot pour la réveiller, et elle lui cria : « Debout, paresseuse, puise de l'eau et fais cuire quelque chose de bon pour ton frère qui est là-bas, dans la remise, où il faut qu'il engraisse. Parce

---

1. Remise : lieu où l'on range des objets, des instruments.

230 que dès qu'il sera assez dodu, je le mangerai.» Et Margot
eut beau pleurer très amèrement, cela ne servit à rien et rien
n'y fit : elle dut faire ce que la méchante sorcière voulait.

Dès lors, pour le malheureux Jeannot, fut préparée la
meilleure cuisine ; Margot, par contre, n'avait rien que les
235 os à sucer, ou la carapace des écrevisses. Chaque matin, la
vieille se traînait jusqu'à la petite remise et criait : «Jeannot,
passe-moi tes doigts dehors, que je tâte pour savoir si tu
seras bientôt assez gras.» Mais Jeannot lui tendait un petit
os, et la vieille, avec sa vue trouble, ne voyait rien et croyait
240 que c'était son doigt, s'étonnant qu'il ne voulût toujours
pas engraisser. Au bout de quatre semaines, comme il était
toujours aussi maigre, la vieille s'impatienta et ne voulut
pas attendre plus longtemps.

«Holà, Margot ! cria-t-elle à la fillette, tâche de ne pas
245 traîner et apporte de l'eau ! Maigre ou gras, le Jeannot, je le
tue demain pour le faire cuire.»

Ah ! comme elle se désola, la pauvre petite sœur, quand
elle dut porter de l'eau ! Et comme elles ruisselaient, les
larmes, tout le long de ses joues ! «Mon Dieu, mon Dieu,
250 gémissait-elle, viens donc à notre secours ! Si seulement
les bêtes sauvages dans la forêt nous avaient dévorés, au
moins nous serions morts ensemble !

«Épargne-moi tes piailleries, dit la vieille, cela ne sert à
rien du tout.»

255 Le lendemain, de très bonne heure, Margot fut dehors
et dut suspendre le chaudron rempli d'eau et allumer le feu
dessous. «Avant tout, dit la vieille, nous allons faire cuire
le pain : j'ai déjà fait chauffer le four et la pâte est pétrie.»
Et elle poussa la malheureuse Margot devant l'entrée du
260 four, où l'on voyait déjà sortir les flammes du grand feu

qui brûlait. «Faufile-toi dedans, dit la sorcière, et vois un peu si c'est assez chaud pour qu'on enfourne le pain.» Oui, et quand Margot serait dedans, elle fermerait la porte sur elle et pousserait encore le feu pour qu'elle y rôtisse, et alors elle la mangerait aussi. Mais Margot avait compris ce qu'elle avait dans l'idée, et elle dit : «Je ne sais pas comment m'y prendre pour entrer là-dedans. Que faut-il faire ?

– Stupide dinde ! s'exclama la vieille, l'ouverture est bien assez grande ! Regarde : je pourrais moi-même y passer !»

Et en même temps, elle s'accroupissait devant le four et s'y poussait à petits coups pour y engager la tête. Alors Margot la poussa un grand coup pour la faire basculer dedans, ferma la porte de fer et bloqua le gros verrou. Houla ! quels hurlements affreux elle se mit à pousser là-dedans ! Mais Margot s'éloigna de toute la vitesse de ses petites jambes et il fallut bien que la maudite sorcière brûlât et pérît misérablement.

Margot s'était précipitée directement vers Jeannot, ouvrant bien vite la petite remise en lui criant : «Jeannot, nous sommes libres ! La vieille sorcière est morte !» Tel un oiseau hors de sa cage, il était sorti dès que la porte s'était ouverte ; et quelle joie pour eux ! et comme ils tombèrent dans les bras l'un de l'autre, s'embrassèrent et gambadèrent comme des fous ! Maintenant qu'ils n'avaient plus rien à craindre, ils entrèrent dans la maison de la sorcière, où il y avait dans tous les coins des coffres pleins de perles et de pierres précieuses.

«C'est encore mieux que les petits cailloux blancs ! remarqua Jeannot, tout en en remplissant ses poches à craquer.

– Moi aussi, je veux rapporter quelque chose à la maison, dit Margot, qui en prit plein son tablier.

– Mais à présent allons-nous-en, dit Jeannot, parce qu'il faut d'abord sortir de cette forêt de sorcières.»

Ils s'en allèrent et marchèrent pendant quelques heures, mais là, ils furent arrêtés par une large rivière.

«Nous ne pouvons pas traverser, dit Jeannot : je ne vois ni pont, ni gué[1].

– Et pas le plus petit bateau non plus, ajouta Margot. Mais je vois là un canard blanc, et si je lui demande, il va bien nous aider.»

Canard blanc, canard blanc,
Ici Margot et Petit-Jean.
Aucun sentier et pas de pont,
Porte-nous sur ton beau dos rond.

Ainsi avait-elle appelé, et le canard s'était aussi approché. Jeannot s'installa sur son dos, se tournant aussitôt pour dire à sa petite sœur de venir s'y asseoir aussi. «Non, non, dit-elle, ce serait trop lourd pour le petit canard : il faut qu'il nous porte l'un après l'autre pour traverser.» Et c'est ce que fit le brave petit canard ; et quand ils furent de l'autre côté, ils marchèrent encore un petit moment, et voilà qu'autour d'eux la forêt était de moins en moins étrangère, plus connue et toujours plus connue à mesure qu'ils avançaient, jusqu'au moment qu'ils aperçurent de loin la maison de leur père.

Ils y coururent, entrèrent en trombe[2] dans la chambre et se jetèrent au cou de leur père. Le pauvre homme n'avait

---

1. *Gué* : endroit d'une rivière où le niveau de l'eau est suffisamment bas pour qu'on puisse traverser à pied.

2. *En trombe* : précipitamment.

pas eu une heure de bon temps depuis qu'il avait laissé ses enfants dans la forêt; mais la femme était morte. En secouant son tablier, Margot fit cascader les perles et les pierres précieuses qui roulèrent de tous côtés, cependant que Jeannot les tirait par poignées de ses poches et les faisait rouler aussi. De leurs soucis, dès lors, ils ne surent plus rien; et ils vécurent ensemble en perpétuelle[1] joie. Mon conte est fini, trotte la souris, celui qui la prendra pourra se faire un grand bonnet, un grand bonnet de sa fourrure, et puis voilà!

Grimm, Contes, trad. Armel Guerne,
GF-Flammarion, t. I, 1967.

© The Granger collection NYC/Rue des Archives

■ Jeannot et Margot avec la sorcière.
Aquarelle de Ruth Koser-Michaels (1935).

---

1. *Perpétuelle* : qui ne cesse jamais, qui dure toute la vie.

Le Tambour

(Grimm, *Contes*[1])

Un jeune tambour[2] se promenait tout seul, un soir, dans la campagne; il arriva au bord d'un lac, où il vit trois petits morceaux de lin[3] blanc posés par terre, sur le rivage. «Comme elle est fine, cette étoffe!» s'étonna-t-il, en ramassant l'un
5 des morceaux qu'il fourra dans sa poche. Rentré chez lui, il ne pensa plus à ce qu'il avait trouvé et alla se coucher. Il était sur le point de s'endormir quand il lui sembla entendre comme une petite voix l'appeler par son nom. Il écouta et perçut, en effet, une voix ténue[4] qui l'appelait : «Tambour,
10 tambour! réveille-toi!» Il ne pouvait voir personne parce qu'il faisait nuit noire, mais il eut l'impression que quelque chose comme une silhouette voletait autour de son lit.

«Que veux-tu? demanda-t-il.

— Rends-moi ma petite chemise, dit la fine voix, celle
15 que tu m'as prise hier soir au bord du lac.

---

1. Voir p. 33.
2. *Tambour* : personne qui bat le tambour.
3. *Lin* : textile élaboré à partir de la plante du même nom.
4. *Ténue* : à peine perceptible.

– Tu l'auras si tu me dis qui tu es, répondit le tambour.

– Oh ! je suis la fille d'un grand roi, répondit la voix, mais je suis au pouvoir d'une sorcière, qui me tient sur le Mont de Cristal. Je dois descendre chaque jour me baigner dans le
20 lac avec mes deux sœurs, mais sans ma chemisette il m'est impossible de m'en retourner. Mes sœurs sont reparties, mais moi j'ai dû rester. Je t'en prie, rends-moi ma chemisette.

– Sois tranquille, je te la rends bien volontiers, ma pauvre petite ! » dit-il en la tirant de sa poche pour la lui tendre
25 dans l'obscurité.

Elle la lui prit bien vite et voulut s'en aller.

«Attends une minute, lui dit le tambour, peut-être puis-je te secourir.

– Tu ne pourrais m'aider qu'en venant sur le Mont de
30 Cristal me délivrer et m'enlever au pouvoir de la sorcière. Mais tu n'arriveras pas au Mont de Cristal ; et même si tu arrivais à en approcher, tu ne pourrais pas en faire l'escalade.

– Je peux ce que je veux, affirma le tambour. Je n'ai peur
35 de rien et ton sort m'émeut ; mais je ne connais pas le chemin qui mène au Mont de Cristal.

– Le chemin traverse la grande forêt où demeurent les ogres, répondit-elle. C'est tout ce que j'ai le droit de te dire.»

40 Le bruit qu'il entendit lui apprit qu'elle était partie. Dès la pointe du jour, le tambour se mit en route, après avoir bouclé le collier[1] et la cuissière[2] de son instrument ; il s'en

---

1. Collier : lanière à laquelle est attaché le tambour. Elle se passe sur l'épaule ; on peut y ranger les baguettes.
2. Cuissière : pièce de cuir ajustée sur la cuisse gauche de celui qui joue du tambour pour le protéger des frottements de son instrument.

alla tout droit, sans peur aucune, dans la grande forêt.
Comme il s'y était avancé depuis un bon moment sans
45 voir aucun géant : «Ces paresseux, se dit-il, il faut que je les
réveille!» Il prit ses baguettes, mit son tambour en position
et battit un roulement qui fit s'envoler à grands cris tous
les oiseaux nichés dans les arbres. Puis un géant, qui s'était
allongé dans l'herbe et qui dormait, se réveilla et se mit
50 debout : il était aussi grand qu'un sapin.

«Gredin! tonna-t-il, qu'est-ce qu'il te prend de venir
tambouriner par ici en m'arrachant à mon meilleur sommeil?

– Si je bats du tambour, c'est parce qu'ils sont des mil-
55 liers et des milliers derrière moi, auxquels j'indique le bon
chemin, répondit-il.

– Que viennent-ils faire ici, dans ma forêt, ceux-là?
gronda le géant.

– Ils viennent pour te tuer et pour débarrasser la forêt
60 du monstre que tu es!

– Peuh! fit le géant, je vous écraserai tous comme des
fourmis.

– Ah oui? ironisa le tambour, parce que tu t'imagines
peut-être pouvoir faire quelque chose contre eux? Mais
65 quand tu te baisseras pour en saisir un, il t'échappera et
courra se cacher; puis dès que tu seras couché et endormi,
ils sortiront de partout pour te grimper dessus; et comme
ils ont tous un marteau d'acier passé dans la ceinture, ils te
défonceront le crâne.»

70 L'humeur du géant s'assombrit. «Si j'ai affaire à cette
humanité rusée, se dit-il, cela peut mal tourner pour moi.
Les loups et les ours, je les prends à la gorge, mais avec ces
vers de terre, on ne sait jamais sur quel pied danser.»

«Écoute, petit bougre, tu déménages d'ici, et je te promets de vous laisser en paix à l'avenir, toi et tes compagnons, proposa-t-il ; et si tu souhaites encore quelque chose,
dis-le, je ne demande qu'à te faire ce plaisir.

– Tu as de longues jambes, dit le tambour, et tu avan-
ces plus vite que moi ; alors, porte-moi jusqu'au Mont de
Cristal, et je donne aux miens le signal de la retraite : ils te
laisseront tranquille ce coup-ci.

– Viens sur mon épaule, puceron, que je te porte où tu
veux ! » accepta le géant, qui l'enleva de terre pour le poser
là-haut, sur son épaule, où le jeune gaillard se mit à battre
le tambour à cœur que veux-tu. « Il donne probablement
le signal de la retraite aux autres ! » pensa le géant tout en
l'emportant.

Au bout d'un moment, il y eut un second géant sur
le chemin, et celui-là s'empara du jeune tambour pour se
le mettre à la boutonnière, avant de repartir à grandes
enjambées. Le tambour se cramponna à un bouton qui
était gros comme une terrine, s'installa confortablement
et se mit à contempler gaiement le paysage à la ronde.
Ils en rejoignirent alors un troisième, qui l'enleva de la
boutonnière et le posa sur le bord de son chapeau ; de
là-haut, tout en se promenant comme sur un boulevard,
le tambour avait vue par-dessus les arbres ; et quand il
aperçut dans le lointain bleuté une montagne qui brillait,
il se dit que c'était sûrement le Mont de Cristal. Il ne se
trompait pas : en quelques enjambées, le géant fut au pied
de la montagne, où il déposa son passager à terre. Le tambour réclama : il voulait être porté jusqu'au sommet ; mais
le géant secoua la tête, grommela quelque chose dans sa
barbe et s'en retourna dans sa forêt. Se trouvant là tout

105 seul, au pied de cette montagne qui était haute au moins comme trois montagnes superposées, et qui, de plus, était polie et lisse comme un miroir, le pauvre tambour ne savait pas comment atteindre le sommet. Il essaya bien d'en commencer l'escalade, mais c'était impossible : il retombait
110 toujours en glissant. «Que ne suis-je un oiseau seulement!» pensa-t-il; mais c'était bien joli de faire des souhaits, il ne lui poussait pas d'ailes pour autant! Il restait là, ne sachant plus que faire, quand il aperçut soudain deux hommes qui se battaient non loin de là. Il y alla voir et comprit que les
115 deux compères se disputaient à propos d'une selle, qui était posée par terre devant eux et qu'ils voulaient avoir tous les deux.

«Quels idiots vous faites! leur dit-il. Vous vous disputez pour une selle et vous n'avez pas de cheval!
120 – La selle le vaut bien! répondit l'un des deux. Qui s'y assied et fait le vœu d'être quelque part, serait-ce au bout du monde, s'y trouve à l'instant même. Elle est à nous deux et c'est maintenant mon tour, mais il ne veut pas me laisser monter.
125 – La dispute sera vite réglée! annonça le tambour en s'en allant un peu plus loin planter un bâton blanc en terre. Voilà, dit-il en revenant vers les deux : le premier au but sera le premier à monter. Attention! Un, deux, trois, partez!»
130 Ils prirent leur course tous les deux, mais ils n'avaient pas fait trois bonds que déjà le tambour avait enfourché la selle et faisait le vœu de se trouver au sommet du Mont de Cristal, où il se trouva presque avant d'être parti.

Là-haut, sur la montagne, le sommet était plat, avec une
135 vieille maison de pierre devant laquelle il y avait un grand

vivier[1], et derrière, une forêt noire ; mais il ne vit personne, ni homme ni bête, rien ne bougeait ; il n'y avait que le vent qui bruissait dans les arbres et les nuages qui défilaient en passant presque au ras de sa tête. Il s'avança jusqu'à
140 la vieille maison et frappa à la porte, qui fut ouverte à la troisième fois par une vieille femme à la peau parcheminée et aux yeux rouges ; elle avait chaussé des lunettes sur son grand nez, et elle le regarda fixement avant de lui demander ce qu'il voulait.

145 « L'accueil, le couvert et le gîte, répondit le tambour.

– C'est ce que tu auras si tu acceptes, en échange, de t'acquitter de trois tâches, répondit la vieille.

– Pourquoi pas ? accepta le tambour. Le travail ne me fait pas peur, si dur soit-il. »

150 La vieille le fit entrer, lui donna son repas d'abord, et le soir, un bon lit. Au matin, quand il eut bien dormi, la vieille ôta le dé qu'elle avait à son doigt osseux et le tendit au tambour en lui disant :

« Au travail, à présent ! Tu vas aller me vider le vivier, là
155 dehors, avec ce dé ; mais il faut que tu aies fini avant la nuit et que tous les poissons soient rangés sur le bord par taille et par espèce.

– C'est un drôle de travail ! » dit le tambour, qui s'en alla vers le vivier et commença à le vider.

160 Il puisa et puisa tout au long de la matinée ; mais que peut-on faire avec un dé dans une telle quantité d'eau, même en puisant pendant cent ans ? « C'est parfaitement inutile, pensa-t-il vers midi, et cela revient exactement au même que je travaille ou ne travaille pas ! » Alors il cessa

---

1. *Vivier* : étang.

165 et s'assit par terre. Une jeune fille arriva de la maison, lui
apportant son repas dans un panier.

«Je te vois là si accablé, si triste, lui dit-elle. Qu'est-ce
qui ne va pas?

– Il leva les yeux sur elle et vit qu'elle était ravissante.

170 – Ah! dit-il, je suis incapable de venir à bout du premier travail. Qu'est-ce que cela sera avec les autres tâches?
Je n'étais venu que pour chercher une princesse qui doit
habiter ici, mais je ne l'ai pas trouvée; alors, je vais m'en
aller plus loin.

175 – Reste ici, lui dit-elle, je te soulagerai de ta peine. Tu es
fatigué; pose ta tête sur mes genoux et dors paisiblement.
Quand tu te réveilleras, ton ouvrage sera achevé.»

Elle n'eut pas besoin de le lui dire deux fois, vous pouvez me croire; et dès qu'il eut fermé les yeux, la jeune
180 fille fit tourner sur son doigt une bague magique et com-
manda : «Les eaux, en haut; vous, les poissons, sortons!»
Les eaux s'évaporèrent aussitôt en une blanche brume qui
s'en alla avec les autres nuages, cependant que les poissons s'agitaient, frétillaient et sautaient sur le bord, où ils
185 s'alignaient d'eux-mêmes par rang de taille et par espèce.
En se réveillant, le tambour vit avec étonnement que tout
était fait et sa tâche accomplie, tandis que la jeune fille lui
disait :

«D'entre tous les poissons, il y en a un qui n'est pas
190 rangé avec ceux de son espèce; il est à part et tout seul.
Quand la vieille viendra, tout à l'heure, et verra que tout est
fait comme elle l'avait voulu, elle posera la question : "Et
celui-là, pourquoi est-il tout seul?" Tu prendras le poisson
et tu le lui jetteras en pleine figure avec ces mots : «C'était
195 pour toi, vieille sorcière!»

La vieille arriva en fin d'après-midi, et quand elle eut posé la question, il lui jeta le poisson au visage. «C'était pour toi, vieille sorcière!» Elle fit celle qui ne s'était aperçue de rien et ne pipa mot[1], mais elle le regarda d'un œil mauvais. Le lendemain, par contre, elle lui dit : «Hier, tu l'as eue un peu trop belle! Il me faut te donner un travail un peu plus difficile. Tu auras aujourd'hui à m'abattre toute la grande forêt, à me fendre le bois en bûches de longueur et à le ranger en piles mesurées; et ce soir, tout doit être fini.» Elle lui donna une cognée[2], une masse et deux coins; mais la cognée était de plomb, la masse et les coins de fer-blanc. Au premier coup de cognée qu'il donna, la lame se tordit; quand il voulut se servir des coins et de la masse, tout s'aplatit. Il ne savait plus à quel expédient[3] recourir et il était désespéré; mais à midi, la jeune fille vint de nouveau lui apporter son repas et le réconforta. «Mets ta tête sur mes genoux, lui dit-elle, et dors tranquillement. Quand tu te réveilleras, l'ouvrage sera terminé.» Elle fit tourner sur son doigt la bague magique, et instantanément, dans un craquement formidable, la forêt tout entière s'abattit, le bois se fendit, se coupa de longueur égale et se rangea de lui-même en piles bien cordées. Cela se fit comme si des géants invisibles accomplissaient la besogne, et en un rien de temps. Lorsqu'il se réveilla de son sommeil, la jeune fille lui dit :

«Tu vois, tout le bois est coupé et rangé; mais il reste une branche à part; et ce soir, quand viendra la vieille, elle

---

1. *Ne pipa mot* : ne dit rien.
2. *Cognée* : voir note 1, p. 36.
3. *Expédient* : ici, moyen de se tirer d'embarras.

te demandera pourquoi cette branche, et tu l'en frapperas en disant : "Elle est pour toi, vieille sorcière !"»

225 La vieille arriva vers la fin du jour et lui dit :

«Vois-tu combien la tâche a été facile ! Mais cette branche qui reste là, pour qui est-elle ?

– Pour toi, vieille sorcière ! lui dit le tambour en la cinglant avec la branche.»

230 Mais la vieille feignit de n'avoir rien senti et ricana, tout en lui commandant :

«Demain, à la première heure, tu me dresseras tout ce bois en un seul bûcher, que tu m'allumeras et feras brûler.»

Le jeune tambour se leva de très bonne heure le lende-
235 main et se mit à porter le bois pour le mettre en un tas. Mais comment un seul homme pouvait-il porter le bois de toute une forêt ? Ce qu'il faisait n'était pas plus que rien ! La jeune fille, heureusement, ne l'abandonna pas dans sa détresse ; à midi, quand elle lui apporta son repas, elle le
240 laissa manger, puis lui fit mettre sa tête sur ses genoux et le laissa dormir ainsi. Lorsqu'il se réveilla, la formidable pile de bois flambait avec d'énormes langues de feu qui semblaient lécher le ciel.

«Écoute-moi bien, lui dit la jeune fille. Quand la sor-
245 cière sera là, elle peut avoir toutes sortes d'exigences. N'aie pas peur et fais sans hésiter ce qu'elle te commandera : ainsi tu ne tomberas pas en son pouvoir et elle ne pourra rien sur toi ; par contre, si tu as peur, le feu te prendra et te dévorera. Mais lorsque tu auras finalement tout fait, tu
250 l'empoigneras, toi, des deux mains, et tu la jetteras dans le brasier ardent.»

La jeune fille s'en alla, puis la vieille arriva, comme en se glissant, et surgit devant lui.

« Hououou ! que j'ai froid ! dit-elle. Mais avec ce bon
feu qui brûle et qui réchauffe mes vieux os, je me sens
mieux ! Oui, mais je vois là-dessous une bûche qui ne veut
pas se consumer ; va me la tirer de là ! C'est tout ce que je
te demande ; et quand tu m'auras fait cela, tu seras libre et
tu pourras t'en aller où bon te semble. Allons, vas-y ! Entre
dans le feu ! »

Sans perdre de temps à réfléchir, le tambour sauta en
plein dans les flammes du formidable bûcher. Mais les
flammes ne lui firent rien du tout et ne lui roussirent même
pas les cheveux. Il prit et ramena la bûche, qu'il déposa
devant la vieille. Mais le morceau de bois avait à peine
touché le sol qu'il se métamorphosait, et voilà que c'était la
ravissante jeune fille qui l'avait secouru dans ses épreuves,
qui était là maintenant, debout devant lui ! Et à la voir toute
habillée de fine soie comme elle l'était, il lui était facile de
comprendre que c'était une princesse.

« Tu t'imagines peut-être que tu vas l'avoir, ricana
méchamment la vieille, mais tu ne la tiens pas encore ! »

Elle eut un rire plein de fiel[1], mais au moment qu'elle
voulait s'emparer de la jeune fille pour l'emmener, le tambour se jeta sur elle, l'empoigna à deux mains et la précipita
dans le feu, la lançant de toutes ses forces jusqu'au cœur du
brasier qui l'engloutit avidement, comme s'il prenait plaisir
à dévorer une sorcière.

La princesse tourna alors ses regards vers le jeune tambour et vit que le héros, qui n'avait pas hésité à jouer de sa
vie pour sa délivrance, était un séduisant jeune homme.

« Tu as tout risqué pour moi, dit-elle en lui tendant la
main, je veux aussi tout faire pour toi ! Tu seras mon époux

---

1. *Fiel* : méchanceté.

si tu me jures fidélité. Quant aux richesses, nous en aurons
285 plus qu'il n'en faut, avec tout ce que la sorcière avait pu
amasser ici.»

Elle le mena dans la maison devant des coffres où s'em-
pilaient de tels trésors et de telles richesses, qu'ils laissèrent
l'or et l'argent pour n'emporter que des pierres précieuses,
290 des diamants et des perles. Comme elle ne voulait pas rester un instant de plus sur le Mont de Cristal, il lui dit :

«Viens t'asseoir sur ma selle, et nous allons voler pour
descendre, comme des oiseaux!

– Cette vieille selle ne me plaît guère, répondit-elle. Il
295 me suffit de faire tourner ma bague magique, et nous nous
trouverons à la maison.

– Très bien, dit le jeune tambour, mais arrêtons-nous
aux portes de la ville.»

Dans le même instant, ils s'y trouvèrent transportés, et
300 le tambour lui dit :

«Attends-moi ici un moment : je vais d'abord passer
donner de mes nouvelles à mes parents et je reviens!

– Oh! je t'en supplie, lui dit-elle, fais bien attention et
ne les embrasse pas sur la joue droite en arrivant chez toi,
305 sinon tu oublierais tout, et moi je resterais seule et aban-
donnée dans la campagne!

– Comment pourrais-je t'oublier?» s'exclama-t-il, tout
en lui promettant son prompt retour.

Personne ne le reconnut quand il entra dans la mai-
310 son paternelle, tant il avait changé; car les trois jours qu'il
avait passés sur le sommet du Mont de Cristal n'avaient,
en réalité, pas duré moins de trois longues années. Mais
quand il leur eut dit qui il était, ses parents lui sautèrent au
cou, fous de joie, et lui-même, dans son émoi, les embrassa

sur les deux joues sans penser à ce qu'il avait promis à la jeune fille ; et il oublia tout de la princesse après ce baiser sur leur joue droite. Il vida ses poches et déposa par poignées ses pierres précieuses sur la table, émerveillant ses parents avec cette immense fortune dont ils ne savaient, au début, que faire ni qu'entreprendre. Le père finit par se faire construire un magnifique palais digne d'un prince, tout entouré de jardins et de parcs, de prés et de forêts ; et lorsque le château fut terminé, la mère dit à son fils qu'elle lui avait trouvé une fiancée et que les noces seraient célébrées en trois jours. Lui, il ne demandait pas mieux que de faire plaisir à ses parents en toute chose.

La pauvre princesse, de son côté, était d'abord restée longtemps devant les portes de la ville à attendre son retour. Le soir venu, elle se dit qu'il devait sûrement avoir embrassé ses parents sur la joue droite et qu'il l'avait oubliée. Un tel chagrin entra dans son cœur qu'elle ne voulut pas retourner chez son père et fit le vœu, en tournant son anneau magique, de se retrouver dans une maisonnette isolée en pleins bois. Elle allait pourtant chaque jour à la ville et passait devant la maison du jeune tambour, qui la voyait parfois, mais sans la reconnaître. Puis un jour arriva qu'elle entendit les gens parler du mariage et dire : « Les noces seront célébrées demain. » Encore plus malheureuse, elle pensa : « Il faut que j'essaie de reconquérir son cœur. » Et le lendemain, premier jour de la grande célébration nuptiale[1], elle tourna sa bague et souhaita : « Une robe de soleil, aussi étincelante. » La robe fut devant elle au même instant, aussi éblouissante que si elle avait été tissée avec les

---

1. *Célébration nuptiale* : célébration du mariage.

rayons mêmes du soleil ! Une fois que tous les invités furent
345 arrivés, elle fit son entrée dans la salle et tout le monde
s'émerveilla de sa splendide robe et de sa grande beauté.
Mais la fiancée, qui avait toujours eu un faible pour les
belles robes, n'y put tenir : elle alla à la rencontre de cette
inconnue et lui demanda si elle consentirait à lui vendre sa
350 robe, qu'elle voulait acheter à tout prix. «Je ne la céderai
pas pour de l'argent, répondit-elle, mais bien si j'obtiens la
permission de passer cette première nuit devant la porte de
la chambre où dormira le fiancé.» Poussée par son désir, la
fiancée donna son consentement ; mais elle versa aussi un
355 narcotique[1] dans le vin du jeune homme, qui fut plongé
dans un épais sommeil. Au milieu du silence de la nuit, la
princesse s'accroupit devant la porte, l'entrebâilla légère-
ment et appela :

Tambour, tambour, écoute-moi !
360 *Ne te souvient-il plus de rien ?*
Ni du Mont de Cristal où nous étions ensemble ?
De la sorcière dont je t'ai sauvegardé ?
De la fidélité que tu m'avais jurée ?
Tambour, tambour, rappelle-toi !

365 Mais à quoi bon ? Le tambour ne se réveilla point et le
matin survint, obligeant la princesse à s'en aller sans résul-
tat aucun. Dans la soirée de ce deuxième jour, elle tourna
son anneau et dit : «Une robe de lune, du même argent.»
Et lorsqu'elle fit son apparition à la fête, vêtue de cette robe
370 qui semblait faite de clair de lune, la fiancée ne put pas résis-

---

1. *Narcotique* : médicament qui fait dormir.

ter à son envie et reçut la robe à nouveau, en échange de la permission qu'elle accorda encore pour la seconde nuit. Et de nouveau, dans le silence nocturne, la princesse appela :

Tambour, tambour, écoute-moi !
375 *Ne te souvient-il plus de rien ?*
Ni du Mont de Cristal où nous étions ensemble ?
De la sorcière dont je t'ai sauvegardé ?
De la fidélité que tu m'avais jurée ?
Tambour, tambour, rappelle-toi !

380 Mais le tambour, assoupi par le narcotique, dormait d'un sommeil impénétrable dont rien ne put le tirer. Et au matin, plus triste que jamais, la princesse dut s'en retourner à sa petite maison des bois. Mais il y avait des domestiques, dans la maison, qui avaient entendu sa plainte et
385 qui en parlèrent à leur jeune maître, en lui disant aussi qu'il n'avait rien pu entendre parce qu'il avait été drogué, qu'il y avait un narcotique dans son vin. Ce même soir, qui était le troisième de la fête nuptiale, la princesse tourna sa bague et dit : «Une robe d'étoiles, aussi scintillante.»
390 Et lorsqu'elle vint à la fête ainsi parée, éclipsant toutes les toilettes dans sa robe superbe, la fiancée en fut éblouie et n'eut qu'une seule idée : «Cette robe, il faut que je l'aie ! Et je l'aurai.» Elle l'eut, en effet, comme les deux autres, contre la permission accordée à l'inconnue de passer la nuit sur
395 le seuil de son futur époux. Mais ce soir-là, le fiancé ne but pas son verre de vin habituel, quand on le lui servit : il le vida dans la ruelle[1] du lit. Et lorsque le silence enveloppa

---

1. *Ruelle* : espace libre entre le lit et le mur.

toute la grande demeure, voici qu'il entendit une voix très douce qui l'appelait :

400 *Tambour, tambour, écoute-moi !*
Ne te souvient-il plus de rien ?
Ni du Mont de Cristal où nous étions ensemble ?
De la sorcière dont je t'ai sauvegardé ?
De la fidélité que tu m'avais jurée ?
405 *Tambour, tambour, rappelle-toi !*

D'un seul coup la mémoire lui revint, et tout le fil de ses pensées. «Oh ! s'exclama-t-il, comment ai-je pu manquer aussi absolument de loyauté dans ma conduite ? Comment ? Mais c'est ce baiser que j'ai donné sur la joue
410 droite de mes parents qui en est cause ! Il m'a ensorcelé.» Il courut prendre la princesse par la main et la conduisit jusqu'au lit de ses parents, qu'il réveilla pour leur dire : «Voici celle qui est ma véritable fiancée ! En épousant l'autre, je commettrais une grave injustice !» Les parents ne
415 lui refusèrent pas leur consentement, une fois qu'ils surent comment s'étaient passées les choses. Ils firent illuminer la salle des fêtes, on rappela les musiciens, tous les invités, parents et amis, et la fête joyeuse recommença pour célébrer les véritables noces cette fois. La précédente fiancée se
420 vit offrir, à titre de consolation et d'excuse, les trois robes qu'elle aimait tant, et elle s'en contenta.

Grimm, *Contes*, éd. cit., t. II.

Raiponce

(Grimm, *Contes*[1])

Il était une fois un mari et sa femme qui avaient depuis longtemps désiré avoir un enfant, quand enfin la femme fut dans l'espérance et pensa que le Bon Dieu avait bien voulu accomplir son vœu le plus cher. Sur le derrière de leur mai-
5 son, ils avaient une petite fenêtre qui donnait sur un magnifique jardin où poussaient les plantes et les fleurs les plus belles ; mais il était entouré d'un haut mur, et nul n'osait s'aventurer à l'intérieur parce qu'il appartenait à une sorcière douée d'un grand pouvoir et que tout le monde crai-
10 gnait. Un jour donc que la femme se tenait à cette fenêtre et admirait le jardin en dessous, elle vit un parterre planté de superbes raiponces[2] avec des rosettes de feuilles si vertes et si luisantes, si fraîches et si appétissantes, que l'eau lui en vint à la bouche et qu'elle rêva d'en manger une bonne
15 salade. Cette envie qu'elle en avait ne faisait que croître et grandir de jour en jour ; mais comme elle savait aussi qu'elle

---

1. Voir p. 33.
2. *Raiponces* : plantes potagères, autrefois cultivées pour leurs racines et leurs jeunes pousses, mangées en salade.

ne pourrait pas en avoir, elle tomba en mélancolie[1] et commença à dépérir, maigrissant et pâlissant toujours plus. En la voyant si bas, son mari s'inquiéta et lui demanda : «Mais que t'arrive-t-il donc, ma chère femme ?

– Ah! lui répondit-elle, je vais mourir si je ne peux pas manger des raiponces du jardin de derrière chez nous!»

Le mari aimait fort sa femme et pensa : «Plutôt que de la laisser mourir, je lui apporterai de ces raiponces, quoi qu'il puisse m'en coûter!» Le jour même, après le crépuscule, il escalada le mur du jardin de la sorcière, y prit en toute hâte une pleine main de raiponces qu'il rapporta à son épouse. La femme s'en prépara immédiatement une salade, qu'elle mangea avec une grande avidité. Mais c'était si bon et cela lui avait tellement plu que le lendemain, au lieu que son envie fût satisfaite, elle avait triplé. Et pour la calmer, il fallut absolument que son mari retournât encore une fois dans le jardin. Au crépuscule, donc, il fit comme la veille, mais quand il sauta du mur dans le jardin, il se figea d'effroi car la sorcière était devant lui!

«Quelle audace de t'introduire dans mon jardin comme un voleur, lui dit-elle avec un regard furibond[2], et de venir me voler mes raiponces! Tu vas voir ce qu'il va t'en coûter!

– Oh! supplia-t-il, ne voulez-vous pas user de clémence[3] et préférer miséricorde[4] à justice? Si je l'ai fait, si je me suis décidé à le faire, c'est que j'étais forcé : ma femme a vu vos raiponces par notre petite fenêtre, et elle a été prise

---

1. *Mélancolie* : profonde tristesse.
2. *Furibond* : furieux.
3. *Clémence* : indulgence, douceur.
4. *Miséricorde* : pitié par laquelle on pardonne.

d'une telle envie d'en manger qu'elle serait morte si elle
45 n'en avait pas eu.»

La sorcière fit taire sa fureur et lui dit : «Si c'est comme
tu le prétends, je veux bien te permettre d'emporter autant
de raiponces que tu voudras, mais à une condition : c'est
que tu me donnes l'enfant que ta femme va mettre au
50 monde. Tout ira bien pour lui et j'en prendrai soin comme
une mère.»

Le mari, dans sa terreur, accepta tout sans discuter. Et
quelques semaines plus tard, quand sa femme accoucha,
la sorcière arriva aussitôt, donna à l'enfant le nom de
55 Raiponce et l'emporta avec elle.

Raiponce était une fillette, et la plus belle qui fût sous le
soleil. Lorsqu'elle eut ses douze ans, la sorcière l'enferma
dans une tour qui se dressait, sans escalier ni porte, au milieu
d'une forêt. Et comme la tour n'avait pas d'autre ouverture
60 qu'une minuscule fenêtre tout en haut, quand la sorcière
voulait y entrer, elle appelait sous la fenêtre et criait :

Raiponce, Raiponce,
Descends-moi tes cheveux.

Raiponce avait de longs et merveilleux cheveux qu'on
65 eût dits de fils d'or. En entendant la voix de la sorcière,
elle défaisait sa coiffure, attachait le haut de ses nattes à un
crochet de la fenêtre et les laissait se dérouler jusqu'en bas,
à vingt aunes[1] au-dessous, si bien que la sorcière pouvait
se hisser et entrer.

---

1. L'*aune* est une ancienne mesure de longueur équivalant à environ
1,20 mètre.

70   Quelques années plus tard, il advint qu'un fils de roi qui chevauchait dans la forêt passa près de la tour et entendit un chant si adorable qu'il s'arrêta pour écouter. C'était Raiponce qui se distrayait de sa solitude en laissant filer sa délicieuse voix. Le fils de roi, qui voulait monter vers elle,
75 chercha la porte de la tour et n'en trouva point. Il tourna bride et rentra chez lui ; mais le chant l'avait si fort bouleversé et ému dans son cœur, qu'il ne pouvait plus laisser passer un jour sans chevaucher dans la forêt pour revenir à la tour et écouter. Il était là, un jour, caché derrière un
80 arbre, quand il vit arriver une sorcière qu'il entendit appeler sous la fenêtre :

Raiponce, Raiponce,
Descends-moi tes cheveux.

    Alors Raiponce laissa se dérouler ses nattes et la sor-
85 cière grimpa. «Si c'est là l'escalier par lequel on monte, je veux aussi tenter ma chance», se dit-il ; et le lendemain, quand il commença à faire sombre, il alla au pied de la tour et appela :

Raiponce, Raiponce,
90 *Descends-moi tes cheveux.*

    Les nattes se déroulèrent aussitôt et le fils de roi monta. Sur le premier moment, Raiponce fut très épouvantée en voyant qu'un homme était entré chez elle, un homme comme elle n'en avait jamais vu ; mais il se mit à lui parler
95 gentiment et à lui raconter combien son cœur avait été touché quand il l'avait entendue chanter, et qu'il n'avait

plus eu de repos tant qu'il ne l'eût vue en personne. Alors Raiponce perdit son effroi, et quand il lui demanda si elle voulait de lui comme mari, voyant qu'il était jeune et
100 beau, elle pensa : «Celui-ci m'aimera sûrement mieux que ma vieille mère-marraine, la Taufpatin[1]», et elle répondit qu'elle le voulait bien, en mettant sa main dans la sienne. Elle ajouta aussitôt :

« Je voudrais bien partir avec toi, mais je ne saurais pas
105 comment descendre. Si tu viens, alors apporte-moi chaque fois un cordon de soie : j'en ferai une échelle, et quand elle sera finie, je descendrai et tu m'emporteras sur ton cheval. »

Ils convinrent que d'ici là il viendrait la voir tous les
110 soirs, puisque pendant la journée venait la vieille. De tout cela, la sorcière n'eût rien deviné si, un jour, Raiponce ne lui avait dit : «Dites-moi, mère-marraine, comment se fait-il que vous soyez si lourde à monter, alors que le fils du roi, lui, est en haut en un clin d'œil?

115 – Ah! scélérate[2]! Qu'est-ce que j'entends? s'exclama la sorcière. Moi qui croyais t'avoir isolée du monde entier, et tu m'as pourtant flouée[3] !»

Dans la fureur de sa colère, elle empoigna les beaux cheveux de Raiponce et les serra dans sa main gauche en les
120 tournant une fois ou deux, attrapa des ciseaux de sa main droite et cric-crac, les belles nattes tombaient par terre. Mais si impitoyable était sa cruauté, qu'elle s'en alla déposer Raiponce dans une solitude désertique, où elle l'abandonna à une existence misérable et pleine de détresse.

---

1. *Taufpatin* : mot allemand signifiant «marraine».
2. *Scélérate* : méchante.
3. *Tu m'as* […] *flouée* : tu m'as trompée.

125   Ce même jour encore, elle revint attacher solidement les nattes au crochet de la fenêtre, et vers le soir, quand le fils de roi arriva et appela :

Raiponce, Raiponce,
Descends-moi tes cheveux,

130 la sorcière laissa se dérouler les nattes jusqu'en bas. Le fils de roi y monta, mais ce ne fut pas sa bien-aimée Raiponce qu'il trouva en haut, c'était la vieille sorcière qui le fixait d'un regard féroce et empoisonné.

   « Ha, ha ! ricana-t-elle, tu viens chercher la dame de ton
135 cœur, mais le bel oiseau n'est plus au nid et il ne chante plus : le chat l'a emporté, comme il va maintenant te crever les yeux. Pour toi, Raiponce est perdue ; tu ne la verras jamais plus ! »

   Déchiré de douleur et affolé de désespoir, le fils de roi
140 sauta par la fenêtre du haut de la tour : il ne se tua pas ; mais s'il sauva sa vie, il perdit les yeux en tombant au milieu des épines ; et il erra, désormais aveugle, dans la forêt, se nourrissant de fruits sauvages et de racines, pleurant et se lamentant sans cesse sur la perte de sa femme bien-aimée.
145 Le malheureux erra ainsi pendant quelques années, aveugle et misérable, jusqu'au jour que ses pas tâtonnants l'amenèrent dans la solitude où Raiponce vivait elle-même misérablement avec les deux jumeaux qu'elle avait mis au monde : un garçon et une fille. Il avait entendu une voix
150 qu'il lui sembla connaître, et tout en tâtonnant, il s'avança vers elle. Raiponce le reconnut alors et lui sauta au cou en pleurant. Deux de ses larmes ayant touché ses yeux, le fils

de roi recouvra complètement la vue, et il ramena sa bien-
aimée dans son royaume, où ils furent accueillis avec des
155 transports de joie et vécurent heureux désormais pendant
de longues, longues années de bonheur.

Grimm, *Contes*, éd. cit., t. II.

La Sorcière
du placard aux balais

(Pierre Gripari, *Les Contes de la rue Broca*)

Auteur du XXe siècle, Pierre Gripari (1925-1990) s'est intéressé au théâtre, a écrit des récits fantastiques et de science-fiction, des nouvelles, des romans et des poèmes. La plus célèbre de ses œuvres est adressée à la jeunesse : *Les Contes de la rue Broca* (1967). Avec « La Sorcière du placard aux balais », Pierre Gripari nous offre un conte léger, moderne et fantaisiste.

C'est moi, monsieur Pierre, qui parle, et c'est à moi qu'est arrivée l'histoire.

Un jour, en fouillant dans ma poche, je trouve une pièce de cinq nouveaux francs[1]. Je me dis :

5 « Chouette ! Je suis riche ! Je vais pouvoir m'acheter une maison ! »

Et je cours aussitôt chez le notaire :

---

1. En 1958, est instauré le franc nouveau. Un franc nouveau vaut 100 anciens francs. En 2002, le franc est remplacé par l'euro.

«Bonjour, monsieur le Notaire! Vous n'auriez pas une maison, dans les cinq cents francs?

10 – Cinq cents francs comment? Anciens ou nouveaux?

– Anciens, naturellement!

– Ah non, me dit le notaire, je suis désolé! J'ai des maisons à deux millions, à cinq millions, à dix millions, mais pas à cinq cents francs!»

15 Moi, j'insiste quand même :

«Vraiment? En cherchant bien, voyons... Pas même une toute petite?»

À ce moment, le notaire se frappe le front :

«Mais si, j'y pense! Attendez un peu...»

20 Il fouille dans ses tiroirs et en tire un dossier :

«Tenez, voici : une petite villa située sur la grand-rue, avec chambre, cuisine, salle de bains, living-room, pipi-room et placard aux balais.

– Combien?

25 – Trois francs cinquante. Avec les frais, cela fera cinq nouveaux francs exactement.

– C'est bon, j'achète.»

Je pose fièrement sur le bureau ma pièce de cent nouveaux sous. Le notaire la prend, et me tend le contrat :

30 «Tenez, signez ici. Et là, vos initiales. Et là encore. Et là aussi.»

Je signe et je lui rends le papier en lui disant :

«Ça va, comme ça?»

Il me répond :

35 «Parfait. Hihihihi!»

Je le regarde, intrigué :

«De quoi riez-vous?

– De rien, de rien... Haha!»

Je n'aimais pas beaucoup ce rire. C'était un petit rire
40 nerveux, celui de quelqu'un qui vient de vous jouer un
méchant tour. Je demande encore :

«Enfin quoi, cette maison, elle existe ?

– Certainement. Héhéhé !

– Elle est solide, au moins ? Elle ne va pas me tomber
45 sur la tête ?

– Hoho ! Certainement non !

– Alors ? Qu'est-ce qu'il y a de drôle ?

– Mais rien, je vous dis ! D'ailleurs, voici la clef, vous
irez voir vous-même… Bonne chance ! Houhouhou !»

50 Je prends la clé, je sors, et je vais visiter la maison. C'était
ma foi, une fort jolie petite maison, coquette, bien exposée,
avec chambre, cuisine, salle de bains, living-room, pipi-room
et placard aux balais. La visite une fois terminée, je me dis :

«Si j'allais saluer mes nouveaux voisins ?»

55 Allez, en route ! Je vais frapper chez mon voisin de gauche :

«Bonjour, voisin ! Je suis votre voisin de droite ! C'est
moi qui viens d'acheter la petite maison avec chambre, cuisine, salle de bains, living-room, pipi-room et placard aux
60 balais !»

Là-dessus je vois le bonhomme qui devient tout pâle. Il
me regarde d'un air horrifié, et pan ! sans une parole, il me
claque la porte au nez ! Moi, sans malice, je me dis :

«Tiens ! Quel original !»

65 Et je vais frapper chez ma voisine de droite :

«Bonjour, voisine ! Je suis votre voisin de gauche ! C'est
moi qui viens d'acheter la petite maison avec chambre, cuisine, salle de bains, living-room, pipi-room et placard aux
balais !»

70   Là-dessus, je vois la vieille qui joint les mains, me regarde avec infiniment de compassion[1] et se met à gémir !

«Hélà, mon pauv'Monsieur, v'avez ben du malheur ! C'est-y pas une misère, un gentil p'tit jeune homme comme vous ! Enfin p'tête ben qu'vous vous en sortirez… Tant qu'y
75 a d'la vie y a d'l'espoir, comme on dit, et tant qu'on a la santé…»

Moi, d'entendre ça, je commence à m'inquiéter :

«Mais enfin, chère Madame, pouvez-vous m'expliquer, à la fin ? Toutes les personnes à qui je parle de cette mai-
80 son…»

Mais la vieille m'interrompt aussitôt :

«Excusez-moi, mon bon Monsieur, mais j'ai mon rôti au four… Faut que j'y alle voir si je veux point qu'y grâle !»

Et pan ! Elle me claque la porte au nez, elle aussi.

85   Cette fois, la colère me prend. Je retourne chez le notaire et je lui dis :

«Maintenant, vous allez me dire ce qu'elle a de particulier, ma maison, que je m'amuse avec vous ! Et si vous ne voulez pas me le dire, je vous casse la tête !»

90   Et, en disant ces mots, j'attrape le gros cendrier de verre. Cette fois, le type ne rit plus :

«Hélà, doucement ! Calmez-vous, cher Monsieur ! Posez ça là ! Asseyez-vous !

– Parlez d'abord !

95   – Mais oui, je vais parler ! Après tout, maintenant que le contrat est signé, je peux bien vous le dire… la maison est hantée !

– Hantée ? Hantée par qui ?

---

1. *Compassion* : pitié.

– Par la sorcière du placard aux balais !

– Vous ne pouviez pas me le dire plus tôt ?

– Eh non ! Si je vous l'avais dit, vous n'auriez plus voulu acheter la maison, et moi je voulais la vendre. Hihihi !

– Finissez de rire, ou je vous casse la tête !

– C'est bon, c'est bon…

– Mais dites-moi donc, j'y pense : Je l'ai visité, ce placard aux balais, il y a un quart d'heure à peine… Je n'y ai pas vu de sorcière !

– C'est qu'elle n'y est pas dans la journée ! Elle ne vient que la nuit !

– Et qu'est-ce qu'elle fait, la nuit ?

– Oh ! Elle se tient tranquille, elle ne fait pas de bruit, elle reste là, bien sage, dans son placard… seulement, attention ! Si vous avez le malheur de chanter :

Sorcière, sorcière,
Prends garde à ton derrière !

À ce moment-là, elle sort… Et c'est tant pis pour vous ! »

Moi, en entendant ça, je me relève d'un bond et je me mets à crier :

« Espèce d'idiot ! Vous aviez bien besoin de me chanter ça ! Jamais il ne me serait venu l'idée d'une pareille ânerie ! Maintenant, je ne vais plus penser à autre chose !

– C'est exprès ! Hihihi ! »

Et comme j'allais sauter sur lui, le notaire s'enfuit par une porte dérobée[1].

Que faire ? Je rentre chez moi en me disant :

---

1. *Dérobée* : cachée.

«Après tout, je n'ai qu'à faire attention... Essayons d'oublier cette chanson idiote !»

Facile à dire ! Des paroles comme celles-là ne se laissent pas oublier ! Les premiers mois, bien sûr, je me tenais sur mes gardes... Et puis, au bout d'un an et demi, la maison, je la connaissais, je m'y étais habitué, elle m'était familière... Alors j'ai commencé à chanter la chanson pendant le jour, aux heures où la sorcière n'était pas là... Et puis dehors, où je ne risquais rien... Et puis je me suis mis à la chanter la nuit, dans la maison – mais pas entièrement ! Je disais simplement :

Sorcière, sorcière...

et puis je m'arrêtais. Il me semblait alors que la porte du placard aux balais se mettait à frémir... Mais comme j'en restais là, la sorcière ne pouvait rien. Alors, voyant cela, je me suis mis à en dire chaque jour un peu plus : *Prends garde...* puis *Prends garde à...* et puis *Prends garde à ton...* et enfin *Prends garde à ton derr...* je m'arrêtais juste à temps ! Il n'y avait plus de doute, la porte frémissait, tremblait, sur le point de s'ouvrir... Ce que la sorcière devait rager, à l'intérieur !

Ce petit jeu s'est poursuivi jusqu'à Noël dernier. Cette nuit-là, après avoir réveillonné chez des amis, je rentre chez moi, un peu pompette[1], sur le coup de quatre heures du matin, en me chantant tout au long de la route :

Sorcière, sorcière,
Prends garde à ton derrière !

---

1. Pompette : soûl.

Bien entendu, je ne risquais rien, puisque j'étais dehors. J'arrive dans la grand-rue : *Sorcière, sorcière…* je m'arrête devant ma porte : *Prends garde à ton derrière!…* Je sors la
155 clef de ma poche : *Sorcière, sorcière*, je ne risquais toujours rien… Je glisse la clef dans la serrure : *Prends garde à ton derrière…* Je tourne, j'entre, je retire la clef, je referme la porte derrière moi, je m'engage dans le couloir en direction de l'escalier…

160 *Sorcière, sorcière,*
Prends garde à ton derrière!

Zut! Ça y était! Cette fois, je l'avais dit! Au même moment j'entends, tout près de moi, une petite voix pointue, aigre[1], méchante :
165 «Ah, vraiment! Et pourquoi est-ce que je dois prendre garde à mon derrière?»
C'était elle. La porte du placard était ouverte, et elle était campée dans l'ouverture, le poing droit sur la hanche et un de mes balais dans la main gauche. Bien entendu,
170 j'essaye de m'excuser :
«Oh! Je vous demande pardon, Madame! C'est un moment de distraction… J'avais oublié que… Enfin, je veux dire… J'ai chanté ça sans y penser…»
Elle ricane doucement :
175 «Sans y penser? Menteur! Depuis deux ans tu ne penses qu'à ça! Tu te moquais bien de moi, n'est-ce pas, lorsque tu t'arrêtais au dernier mot, à la dernière syllabe! Mais moi, je

---

1. *Aigre* : désagréable.

me disais : Patience, mon mignon ! Un jour, tu la cracheras, ta petite chanson, d'un bout à l'autre, et ce jour-là ce sera mon tour de m'amuser… Eh bien, voilà ! C'est arrivé ! »

Moi, je tombe à genoux et je me mets à supplier :

« Pitié, Madame ! Ne me faites pas de mal ! Je n'ai pas voulu vous offenser ! J'aime beaucoup les sorcières ! J'ai de très bonnes amies sorcières ! Ma pauvre mère elle-même était sorcière ! Si elle n'était pas morte, elle pourrait vous le dire… Et puis d'ailleurs, c'est aujourd'hui Noël ! Le petit Jésus est né cette nuit… Vous ne pouvez pas me faire disparaître un jour pareil !… »

La sorcière me répond :

« Taratata ! Je ne veux rien entendre ! Mais puisque tu as la langue si bien pendue, je te propose une épreuve : tu as trois jours, pour me demander trois choses. Trois choses impossibles ! Si je te les donne, je t'emporte. Mais si, une seule des trois, je ne suis pas capable de te la donner, je m'en vais pour toujours et tu ne me verras plus. Allez, je t'écoute ! »

Moi, pour gagner du temps, je lui réponds :

« Ben, je ne sais pas… Je n'ai pas d'idée… Il faut que je réfléchisse… Laissez-moi la journée !

– C'est bon, dit-elle, je ne suis pas pressée. À ce soir ! »

Et elle disparaît.

Pendant une bonne partie de la journée, je me tâte, je me creuse, je me fouille les méninges – et tout à coup je me souviens que mon ami Bachir a deux petits poissons dans un bocal, et que ces deux petits poissons, m'a-t-il dit, sont *magiques*. Sans perdre une seconde, je fonce rue Broca et je demande à Bachir :

« Tu as toujours tes deux poissons ?

– Oui. Pourquoi ?

– Parce que, dans ma maison, il y a une sorcière, une
210 vieille, une méchante sorcière. Ce soir, je dois lui demander
quelque chose d'impossible. Sinon, elle m'emportera. Tes
petits poissons pourraient peut-être me donner une idée ?

– Sûrement, dit Bachir. Je vais les chercher. »

Il s'en va dans l'arrière-boutique, puis il revient avec un
215 bocal plein d'eau dans lequel nagent deux petits poissons,
l'un rouge et l'autre jaune tacheté de noir. C'est bien vrai
qu'ils ont l'air de poissons magiques. Je demande à Bachir :

« Maintenant, parle-leur !

– Ah non ! répond Bachir. Je ne peux pas leur parler
220 moi-même, ils ne comprennent pas le français. Il faut un
interprète ! Ne t'en fais pas. Moi, j'en ai un. »

Et voilà mon Bachir qui se met à chanter :

Petite souris
Petite amie
225 *Viens par ici*
Parle avec mes petits poissons
Et tu auras du saucisson !

À peine a-t-il fini de chanter qu'une adorable souris
grise arrive en trottinant sur le comptoir, s'assied sur son
230 petit derrière à côté du bocal et pousse trois petits cris,
comme ceci :

« Hip ! Hip ! Hip ! »

Bachir traduit :

« Elle dit qu'elle est prête. Raconte-lui ce qui t'est arrivé. »
235 Je me penche vers la souris et je lui raconte tout : le
notaire, la maison, les voisins, le placard, la chanson, la
sorcière et l'épreuve qu'elle m'a imposée. Après m'avoir

écouté en silence, la souris se retourne vers les petits poissons et leur dit dans sa langue :

240 «Hippi hipipi pipi ripitipi…»

Et comme ça pendant cinq minutes.

Après avoir, eux aussi, écouté en silence, les poissons se regardent, se consultent, se parlent à l'oreille, et pour finir le poisson rouge monte à la surface de l'eau et ouvre plusieurs
245 fois la bouche avec un petit bruit, à peine perceptible :

«Po – po – po – po…»

Et ainsi de suite, pendant près d'une minute.

Quand c'est fini, la petite souris se retourne vers Bachir et recommence à pépier :

250 «Pipiri pipi ripipi.»

Je demande à Bachir :

«Qu'est-ce qu'elle raconte ?»

Il me répond :

«Ce soir, quand tu verras la sorcière, demande-lui des
255 bijoux en caoutchouc, qui brillent comme des vrais. Elle ne pourra pas te les donner.»

Je remercie Bachir, Bachir donne une pincée de daphnies[1] aux petits poissons, à la souris une rondelle de saucisson, et sur ce nous nous séparons.

260 Dans le couloir, la sorcière m'attendait :

«Alors ? Qu'est-ce que tu me demandes ?»

Sûr de moi, je réponds :

«Je veux que tu me donnes des bijoux en caoutchouc qui brillent comme des vrais !»

---

1. *Daphnies* : petits crustacés qui servent de nourriture aux poissons d'aquarium.

265 Mais la sorcière se met à rire :

« Haha ! Cette idée-là n'est pas de toi ! Mais peu importe, les voilà ! »

Elle fouille dans son corsage, et en tire une poignée de bijoux : deux bracelets, trois bagues et un collier, tout ça
270 brillant comme de l'or, étincelant comme du diamant, de toutes les couleurs – et mou comme de la gomme à crayon !

« À demain, me dit-elle, pour la deuxième demande ! Et cette fois, tâche d'être un peu plus malin ! »

Et hop ! La voilà disparue.

275 Le lendemain matin, j'emporte les bijoux chez un de mes amis qui est chimiste, et je lui dis :

« Qu'est-ce que c'est que cette matière ?

– Fais voir », me dit-il.

Et il s'enferme dans son laboratoire. Au bout d'une
280 heure il en ressort en me disant :

« Ça, c'est extraordinaire ! Ils sont en caoutchouc ! Je n'ai jamais vu ça ! Tu permets que je les garde ? »

Je lui laisse les bijoux et je retourne chez Bachir.

« Les bijoux, ça ne va pas, je lui dis. La sorcière me les a
285 donnés tout de suite.

– Alors, il faut recommencer », dit Bachir.

Il retourne chercher le bocal, le pose sur le comptoir et se remet à chanter :

Petite souris
290 *Petite amie*
Viens par ici
Parle avec mes petits poissons
Et tu auras du saucisson !

La petite souris accourt, je la mets au courant, elle traduit, puis recueille la réponse et transmet à Bachir :

«Pipi pirripipi hippi hippi hip!

– Qu'est-ce qu'elle dit?»

Et Bachir me traduit :

«Demande à la sorcière une branche de l'arbre à macaroni, et repique-la dans ton jardin pour voir si elle pousse!»

Et, le soir même, je dis à la sorcière :

«Je veux une branche de l'arbre à macaroni!

– Haha! Cette idée-là n'est pas de toi! Mais ça ne fait rien : voilà!»

Et crac! Elle sort de son corsage un magnifique rameau de macaroni en fleur, avec des branchettes en spaghettis, de longues feuilles en nouilles, des fleurs en coquillettes, et même de petites graines en forme de lettres de l'alphabet!

Je suis bien étonné, mais tout de même, j'essaie de chercher la petite bête :

«Ce n'est pas une branche d'arbre, ça, ça ne repousse pas!

– Crois-tu? dit la sorcière. Eh bien, repique-la dans ton jardin, et tu verras! Et à demain soir!»

Moi, je ne fais ni une ni deux, je sors dans le jardin, je creuse un petit trou dans une plate-bande, j'y plante la branche de macaroni, j'arrose et je vais me coucher. Le lendemain matin, je redescends. La branche est devenue énorme : c'est presque un petit arbre, avec plusieurs nouvelles ramures, et deux fois plus de fleurs. Je l'empoigne à deux mains, j'essaie de l'arracher... impossible! Je gratte la terre autour du tronc, et je m'aperçois qu'il tient au sol par des centaines de petites racines en vermicelle... Cette fois, je suis désespéré. Je n'ai même plus envie de retourner chez Bachir. Je me promène dans le pays, comme une âme en peine, et je vois les bonnes gens se parler à l'oreille, quand ils me regardent passer. Je sais ce qu'ils se disent !

«Pauvre petit jeune homme ! Regardez-le ! C'est sa dernière journée, ça se voit tout de suite ! La sorcière va sûrement l'emporter cette nuit ! »

Sur le coup de midi, Bachir me téléphone :

«Alors ? Ça a marché ?

– Non, ça n'a pas marché. Je suis perdu. Ce soir, la sorcière va m'emporter. Adieu, Bachir !

– Mais non, rien n'est perdu, qu'est-ce que tu racontes ? Viens tout de suite, on va interroger les petits poissons !

– Pour quoi faire ? Ça ne sert à rien !

– Et ne rien faire, ça sert à quoi ? Je te dis de venir tout de suite ! C'est honteux de se décourager comme ça !

– Bon, si tu veux, je viens… »

Et je vais chez Bachir. Quand j'arrive, tout est prêt : le bocal aux poissons et la petite souris, assise à côté.

Pour la troisième fois je raconte mon histoire, la petite souris traduit, les poissons se consultent longuement, et c'est le poisson jaune, cette fois, qui remonte à la surface et se met à bâiller en mesure :

«Po – po – po – po – po – po – po… »

Pendant près d'un quart d'heure.

La souris à son tour se retourne vers nous et fait tout un discours, qui dure bien dix minutes.

Je demande à Bachir :

«Mais qu'est-ce qu'ils peuvent raconter ? »

Bachir me dit :

«Écoute bien, et fais très attention, car ce n'est pas simple! Ce soir, en retournant chez toi, demande à la sorcière qu'elle te donne la grenouille à cheveux. Elle sera bien embarrassée, car la grenouille à cheveux, c'est la sorcière elle-même. Et la sorcière n'est rien d'autre que la grenouille à cheveux qui a pris forme humaine. Alors, de deux choses l'une : ou bien elle ne peut pas te la donner, et en ce cas elle est obligée de partir pour toujours – ou bien elle voudra te la montrer quand même, et pour cela elle sera obligée de se transformer. Dès qu'elle sera devenue grenouille à cheveux, toi, attrape-la et ligote-la bien fort et bien serré avec une grosse ficelle. Elle ne pourra plus se dilater pour redevenir sorcière. Après cela, tu lui raseras les cheveux, et ce ne sera plus qu'une grenouille ordinaire, parfaitement inoffensive.»

Cette fois, l'espoir me revient. Je demande à Bachir :

«Peux-tu me vendre la ficelle?»

Bachir me vend une pelote de grosse ficelle, je remercie et je m'en vais. Le soir venu, la sorcière est au rendez-vous :

«Alors, mignon, c'est maintenant que je t'emporte? Qu'est-ce que tu vas me demander à présent?»

Moi, je m'assure que la ficelle est bien déroulée dans ma poche, et je réponds :

«Donne-moi la grenouille à cheveux!»

Cette fois, la sorcière ne rit plus. Elle pousse un cri de rage :

«Hein? Quoi? Cette idée-là n'est pas de toi! Demande-moi autre chose!»

Mais je tiens bon :

«Et pourquoi autre chose? Je ne veux pas autre chose, je veux la grenouille à cheveux!

– Tu n'as pas le droit de me demander ça !

– Tu ne peux pas me donner la grenouille à cheveux ?

– Je peux, mais ce n'est pas de jeu !

390 – Alors, tu ne veux pas ?

– Non, je ne veux pas !

– En ce cas, retire-toi. Je suis ici chez moi ! »

À ce moment, la sorcière se met à hurler :

« Ah, c'est comme ça ! Eh bien, la voilà, puisque tu la
395 veux, ta grenouille à cheveux ! »

Et je la vois qui se ratatine, qui rapetisse, qui rabougrit,
qui se dégonfle et se défait, comme si elle fondait, tant et si
bien que cinq minutes après je n'ai plus devant moi qu'une
grosse grenouille verte, avec plein de cheveux sur la tête,
400 qui se traîne sur le parquet en criant comme si elle avait le
hoquet :

« Coap ! Coap ! Coap ! Coap ! »

Aussitôt, je saute sur elle, je la plaque sur le sol, je tire
la ficelle de ma poche, et je te la prends, et je te la ligote, et
405 je te la saucissonne… Elle se tortille, elle étouffe presque,
elle essaie de se regonfler… mais la ficelle est trop serrée !
Elle me regarde avec des yeux furieux en hoquetant comme
elle peut :

« Coap ! Coap ! Coap ! Coap ! »

410 Moi, sans perdre de temps, je l'emporte dans la salle
de bains, je la savonne, je la rase, après quoi je la détache
et je la laisse passer la nuit dans la baignoire, avec un peu
d'eau dans le fond.

Le lendemain, je la porte à Bachir, dans un bocal avec
415 une petite échelle, pour qu'elle serve de baromètre. Bachir
me remercie et place le nouveau bocal sur une étagère, à
côté de celui des poissons.

Depuis ce temps-là, les deux poissons et la grenouille n'arrêtent pas de se parler. La grenouille dit : «Coap ! Coap !» et les poissons : «Po – po !» et cela peut durer des journées entières !

Un beau jour, j'ai demandé à Bachir :

«Et si tu appelais ta souris, qu'on sache un peu ce qu'ils se racontent ?

– Si tu veux ! a dit Bachir.»

Et il s'est remis à chanter :

Petite souris
Petite amie
Viens par ici...

Quand la souris est venue, Bachir lui a demandé d'écouter et de traduire. Mais la souris, cette fois, a refusé tout net.

«Pourquoi ?» ai-je demandé.

Et Bachir a répondu :

«Parce que ce ne sont que des gros mots !»

Voilà l'histoire de la sorcière. Et maintenant, quand vous viendrez me rendre visite, soit de jour, soit de nuit, dans la petite maison que j'ai achetée, vous pourrez chanter tout à votre aise :

Sorcière, sorcière,
Prends garde à ton derrière !

Je vous garantis qu'il n'arrivera rien !

Pierre Gripari, *Les Contes de la rue Broca*,
© La Table ronde, 1967.

La Sorcière amoureuse

(Bernard Friot, *Histoires pressées*)

Traducteur de livres allemands pour la jeunesse, Bernard Friot (né en 1951) est également l'auteur de plusieurs recueils d'*Histoires pressées*, fort agréables à lire. L'art de cet écrivain tient à son style enlevé aussi bien qu'à sa créativité narrative. Dans le conte qui suit, la sorcière n'est plus à craindre des enfants. Devenue le personnage principal du récit, elle se découvre un cœur capable de sentiments.

C'était une vieille, très vieille sorcière. Elle habitait une maisonnette au fond des bois, près de la source des trois rochers.

Un jour, un jeune homme passa devant sa fenêtre. Il
5 était beau. Plus beau que les princes des contes de fées. Et bien plus beau que les cow-boys des publicités télévisées.

La vieille sorcière fut émue, tout d'abord, puis troublée, et enfin amoureuse. Plus amoureuse qu'elle ne l'avait
10 jamais été.

Naturellement, elle ne ferma pas l'œil de la nuit. Elle feuilleta toutes sortes de vieux grimoires[1] remplis de formules magiques, elle courut les bois à la recherche d'ingrédients mystérieux, elle coupa, hacha, mixa, mélangea, pesa, ajouta, remua, goûta… Et au petit matin, elle mit en bouteilles un plein chaudron d'élixir pour rajeunir.

Au début de l'après-midi, elle avala une bouteille d'élixir. Comme c'était très amer[2], elle procédait ainsi : un verre d'élixir, un carré de chocolat, un verre d'élixir, un bonbon à la fraise. Et ainsi de suite. Après le dernier verre, elle était redevenue jeune et jolie. Si jolie qu'elle aurait pu faire carrière au cinéma. Ou devenir institutrice.

Avec deux toiles d'araignée, un peu de poudre de crapaud et une formule magique découpée dans le journal de mode des sorcières, elle se confectionna une merveilleuse robe décolletée, garnie de dentelles. Dans son jardin, elle cueillit une rose blanche, la trempa dans un philtre d'amour et l'épingla à son corsage.

Ensuite, elle s'assit sur un banc, devant la porte, et attendit. Elle n'attendit pas longtemps. Sur le chemin, apparut le beau jeune homme, vêtu d'un riche costume brodé d'or, une fleur blanche à la boutonnière.

Le jeune homme salua la sorcière, la conversation s'engagea et, comme la sorcière était pressée, au bout d'un quart d'heure, le jeune homme était fou amoureux. Cinq minutes après, ils échangeaient leur premier baiser.

Puis brusquement, la sorcière se leva et dit très vite :
« À demain, mon bel amour ! »

Et elle s'enferma à double tour dans sa maisonnette.

---

1. *Grimoires* : livres de magie.
2. *Amer* : d'un goût souvent désagréable.

40   Il était temps ! Quelques secondes plus tard, la belle
jeune fille était redevenue une vieille, très vieille sorcière :
l'élixir avait cessé d'agir.

Et ce fut ainsi tous les jours. Une bouteille d'élixir pour
rajeunir, des mots d'amour murmurés, quelques baisers
45   échangés, puis vite, très vite, des adieux pressés.

Le beau jeune homme ne se plaignait jamais. Il disait
en souriant : «Adieu, ma belle !», et il partait sans même
se retourner.

Après quelques semaines, par un bel après-midi d'été, la
50   sorcière déclara à son jeune homme qu'elle voulait l'épouser. Le jeune homme baissa les yeux en rougissant, et ils
fixèrent le mariage au lendemain matin.

Le lendemain, donc, la vieille sorcière avala trois grandes bouteilles d'élixir pour rajeunir. Ça lui donna d'atroces
55   douleurs d'estomac, mais il fallait bien en passer par là.

Les deux amoureux se marièrent au village voisin. Puis
ils s'en retournèrent bien vite jusqu'à la maisonnette au
fond des bois.

Dès qu'ils furent entrés, la sorcière ferma la porte à dou-
60   ble tour : dans la cuisine, elle prépara une tisane pour son
jeune époux, puis alla chercher dans la salle à manger les
gâteaux aux pattes de mouche qu'elle faisait elle-même.

Mais l'élixir avait cessé d'agir. Quand elle revint à la
cuisine, elle était redevenue une vieille, très vieille sorcière,
65   au nez crochu, aux dents gâtées et à la peau plus ridée que
du papier froissé.

Lorsqu'il la vit ainsi, son jeune mari la fixa un long
moment sans rien dire. Puis, soudain, il éclata de rire :

«Vieille sorcière, ton élixir pour rajeunir ne vaut pas
70   grand-chose ! Mais rassure-toi, le mien n'est pas meilleur.»

Et, secoué d'un grand fou rire, le beau jeune homme se transforma peu à peu en un vieux, très vieux sorcier, au nez crochu, aux dents gâtées et à la peau plus ridée que du papier froissé.

Bernard Friot, *Histoires pressées*, Milan, coll. «Milan poche junior», © 1995, 2007.

■ Sorcières chevauchant des balais.
Enluminure du Moyen Âge (1440).

ATTRIBUTS ET POUVOIRS
DE LA SORCIÈRE

Les Vraies Sorcières

(Roald Dahl, *Sacrées Sorcières*)

Roald Dahl (1916-1990) est un écrivain britannique très connu pour ses textes qui s'adressent au jeune public mais aussi aux adultes. Il est notamment l'auteur de *Charlie et la chocolaterie*, *James et la Grosse Pêche* et *Sacrées Sorcières*. Dans ce dernier ouvrage, le narrateur, orphelin de père et de mère, est confié aux bons soins de sa grand-mère, experte en sorcières et fumeuse de cigares. Averti par les enseignements de cette mamie un peu spéciale, le narrateur s'apercevra un jour qu'il se trouve au milieu d'un congrès annuel de sorcellerie. Voici le début du roman.

Dans les contes de fées, les sorcières portent toujours de ridicules chapeaux et des manteaux noirs, et volent à califourchon sur des balais.

Mais ce livre n'est pas un conte de fées.

5 Nous allons parler des *vraies sorcières*, qui vivent encore de nos jours. Ouvrez grand vos oreilles, et n'oubliez jamais ce qui va suivre. C'est d'une importance capitale. Voici ce que vous devez savoir sur les *vraies sorcières* :

Les vraies sorcières s'habillent normalement, et ressemblent à la plupart des femmes. Elles vivent dans des maisons qui n'ont rien d'extraordinaire, et elles exercent des métiers tout à fait courants.

Voilà pourquoi elles sont si difficiles à repérer !

Une *vraie sorcière* déteste les enfants d'une haine cuisante, brûlante, bouillonnante, qu'il est impossible d'imaginer. Elle passe son temps à comploter contre les enfants qui se trouvent sur son chemin. Elle les fait disparaître un par un, en jubilant[1]. Elle ne pense qu'à ça, du matin jusqu'au soir. Qu'elle soit caissière dans un supermarché, secrétaire dans un bureau ou conductrice d'autobus.

Son esprit est toujours occupé à comploter et conspirer, mijoter et mitonner, finasser[2] et fignoler des projets sanglants.

«Quel enfant, oui, quel enfant vais-je passer à la moulinette ?» pense-t-elle, à longueur de journée.

Une *vraie* sorcière éprouve le même plaisir à passer un enfant à la moulinette qu'on a du plaisir à manger des fraises à la crème. Elle estime qu'il faut faire disparaître un enfant par semaine ! Si elle ne tient pas ce rythme, elle est de méchante humeur. *Un enfant par semaine, cela représente cinquante-deux enfants par an !*

Un tour, deux tours de moulinette, et hop !... plus d'enfant !

Telle est la devise des sorcières.

Mais la victime est souvent choisie avec soin. Voilà pourquoi une sorcière traque un enfant comme un chasseur

---

1. *En jubilant* : en réprouvant une joie très vive.
2. *Finasser* : agir avec ruse.

traque un petit oiseau dans la forêt. La sorcière marche à pas feutrés… elle bouge lentement, au ralenti… de plus en plus près… puis enfin, elle est prête et *pfroutt!*… elle fonce 40 sur sa victime comme un faucon. Des étincelles crépitent, des flammes jaillissent, des rats rugissent, des lions fulminent[1]… Et l'enfant disparaît !

Une sorcière, vous comprenez, n'assomme pas un enfant ; elle ne le poignarde pas dans le dos ; elle ne le tue 45 pas d'un coup de pistolet. Les gens qui se conduisent ainsi finissent par être capturés par la police.

Mais une sorcière n'est jamais jetée en prison. N'oubliez pas qu'elle a de la magie au bout des doigts, et le diable dans la tête. Grâce à ses pouvoirs magiques, les pierres 50 peuvent bondir comme des grenouilles, et des langues de feu papilloter à la surface des eaux.

Terrifiants pouvoirs !

Heureusement, il n'y a plus beaucoup de sorcières, de nos jours. Mais il en reste suffisamment pour vous don 55 ner le frisson. En Angleterre, il y en a probablement une centaine. Certains pays en ont plus, d'autres beaucoup moins. Mais aucun pays du monde n'est à l'abri des sorcières.

Une sorcière, c'est toujours une femme.

60 Je ne veux pas dire du mal des femmes. La plupart sont adorables. Mais le fait est que les sorcières sont toujours des femmes et jamais des hommes.

Il n'y a pas de sorcier, mais il y a des vampires ou des loups-garous, qui, eux, sont toujours des hommes. Les

---

1. *Fulminent* : au sens courant, «explosent de colère» (étymologiquement, le verbe signifie «lancer la foudre»).

vampires et les loups-garous sont dangereux, mais une sorcière est *deux fois plus dangereuse* !

En tout cas, pour les enfants, une véritable sorcière est la plus dangereuse des créatures. Ce qui la rend doublement dangereuse, c'est qu'elle a l'air inoffensive ! Même si vous êtes bien au courant (et bientôt, vous allez connaître tous les secrets des sorcières), vous n'êtes jamais absolument sûr d'être en présence d'une sorcière ou d'une charmante femme.

Si un tigre pouvait se transformer en un gros chien qui remue la queue, vous iriez certainement lui caresser le museau, et… vous seriez le festin du tigre ! C'est pareil avec les sorcières, car elles ressemblent toutes à des femmes gentilles.

Veuillez regarder le dessin :

80 Laquelle des deux femmes est une sorcière ?

Question difficile !

Et pourtant, tous les enfants devraient pouvoir répondre sans hésitation.

Maintenant, vous savez que votre voisine de palier peut
85 être une sorcière.

Ou bien la dame aux yeux brillants, assise en face de vous dans le bus, ce matin.

Ou même cette femme au sourire éblouissant qui vous a offert un bonbon, au retour de l'école.

90 Ou encore (et ceci va vous faire sursauter !) votre charmante institutrice qui vous lit ce passage en ce moment même. Regardez-la attentivement. Elle sourit sûrement, comme si c'était absurde. Mais ne vous laissez pas embobiner. Elle est très habile.

95 Je ne suis pas, bien sûr, mais pas du tout, en train d'affirmer que votre maîtresse est une sorcière. Tout ce que je dis, c'est qu'elle peut en être une. *Incroyable ?... mais pas impossible !*

Oh ! si seulement il y avait un moyen de reconnaître
100 à coup sûr une sorcière, alors, c'est elle qui passerait à la moulinette ! Malheureusement, il n'existe pas de moyen sûr. Mais il y a un certain nombre de petits signes et de petites habitudes bizarres que partagent toutes les sorcières. Et si vous les connaissez, alors, vous pourrez échapper à la
105 moulinette pendant qu'il est encore temps !

Roald Dahl, *Sacrées Sorcières*, trad. Marie-Raymond Farré,
© Roald Dahl Nominee Ltd., 1983/© Gallimard, 1997.
Dessin reproduit avec la permission de Ap Watt Ltd pour Quentin Blake.

Médée

(Ovide, *Les Métamorphoses*)

Le poète latin Ovide (43 av. J.-C-17 apr. J-C.) a composé le long poème des *Métamorphoses*. Constitué de quinze livres, ce texte retrace l'histoire du monde – depuis le chaos originel jusqu'à l'apothéose de César –, au cours de laquelle s'enchaînent des récits de transformations ou « métamorphoses ». Parmi les fables et légendes grecques qui y sont rapportées, figure l'histoire de la magicienne Médée, nièce de Circé et épouse du célèbre Jason, fils d'Æson, roi mythique d'Iocolos (Thessalie, région du nord-est de la Grèce) qui fut détrôné par son demi-frère Pélias.

Médée est un personnage complexe de la mythologie, en raison de l'utilisation variée qu'elle fait de ses pouvoirs magiques. Par amour pour son époux, elle redonne vie à Æson, avant de préparer à Pélias, usurpateur du trône, la mort la plus horrible qui soit.

Æson

Les mères de l'Hémonie[1], les pères chargés d'ans, en reconnaissance du retour de leur fils, apportent aux dieux

---

1. *Hémonie* : autre nom de la Thessalie.

des offrandes, font sur la flamme des autels fondre l'encens qu'ils y amoncellent, et la victime aux cornes revêtues d'or
5 est l'expression de leurs vœux. Mais à ce concert d'actions de grâces manque la voix d'Æson, déjà trop proche de la mort et accablé par la vieillesse et les ans. Alors son fils : «Ô toi, à qui j'avoue devoir mon salut[1], ô mon épouse, bien que tu m'aies tout donné et que la somme des bienfaits
10 dont je te suis redevable ait déjà dépassé toute croyance, si cependant ils ont aussi ce pouvoir – car jusqu'où ne va pas le pouvoir de tes charmes ? – retranche quelques années du nombre des miennes et, ces années retranchées, ajoute-les à celles de mon père !» Et il ne put retenir ses larmes. Médée
15 fut, à cette demande, émue de tant de piété filiale[2]. À son cœur, si différent en ce point, se présenta l'image d'Æétès[3] abandonné. Sans avouer cependant les sentiments qu'elle éprouve : «Quel vœu criminel, dit-elle, est tombé de tes lèvres, ô mon époux ? Ainsi donc, moi, je suis à tes yeux
20 capable de reporter au compte de quelque autre une part de ta vie ? Hécate[4] m'en garde ! Ce que tu demandes, au reste, n'est pas équitable. Mais je vais tenter d'être pour toi plus généreuse encore que tu ne le demandes, Jason. Par mon art, nous essaierons de rajeunir la vieillesse déjà
25 avancée de mon beau-père, sans le faire aux dépens des années que tu as à vivre ; puisse seulement la triple déesse[5]

---

1. Salut : voir note 1, p. 37.
2. Piété filiale : vénération du fils pour son père.
3. Æétès : père de Médée.
4. Hécate : divinité grecque, lunaire et infernale, patronne des magiciennes, veillant aux carrefours ; elle est représentée tenant des flambeaux et avec trois têtes, symboles de la vigilance de la déesse et des trois états de la lune.
5. La triple déesse : Hécate.

m'assister et marquer, par sa présence, son consentement à la grande entreprise que je vais oser ! »

Il s'en fallait encore de trois nuits que le croissant de
30 la lune se fermât entièrement pour en compléter le cercle. Quand elle brilla, pleine, de tout son éclat, et regarda la terre sans qu'une ombre obscurcît son disque, Médée sort de sa demeure, vêtue d'une robe sans ceinture, les pieds nus, les cheveux sans lien et flottant librement sur
35 ses épaules ; elle porte ses pas errants à l'aventure dans le silence, qu'aucune voix ne trouble, de la nuit à moitié de sa course ; nul ne l'accompagne. Hommes, oiseaux, bêtes sauvages, tous les êtres goûtaient la détente d'un profond repos ; aucun murmure dans les haies ; les feuillages immo-
40 biles se taisent, comme se tait l'air humide. Seuls les astres brillent. Tendant vers eux ses bras, trois fois elle tourna sur elle-même, trois fois, de l'eau qu'elle a puisée au fleuve, elle arrosa ses cheveux ; elle ouvrit la bouche pour pousser à trois reprises un cri prolongé ; puis, fléchissant le genou
45 sur la terre durcie : « Ô nuit, dit-elle, fidèle dépositaire des secrets, et vous qui, avec la lune, succédez aux feux du jour, astres d'or, et toi, Hécate aux trois têtes, confidente de mon dessein, toi qui viens apporter ton aide aux incantations [1] et à l'art des magiciens, et toi, Terre, qui pourvois ces
50 magiciens d'herbes aux vertus redoutables, souffles de l'air et vents, montagnes, fleuves et lacs, vous tous, dieux des bois, vous tous, dieux de la nuit, assistez-moi ; vous, avec l'aide de qui, quand je l'ai voulu, les fleuves, à la stupeur de leurs rives, sont revenus à leur source, grâce à qui, par
55 mes incantations, j'apaise les flots soulevés et soulève les

---

1. *Incantations* : voir note 1, p. 5.

flots apaisés, dissipe les nuages et les amasse, chasse les
vents et les appelle, brise, par mes formules magiques la
gorge des vipères, anime les rochers, les chênes, les forêts
arrachés à leur sol et les mets en mouvement, commande
60 aux montagnes de trembler, au sol de mugir, aux Mânes[1]
de sortir des tombeaux. Et toi aussi, Lune, je t'attire sur la
terre, quoi que fassent les bronzes[2] de Témèse pour dimi-
nuer tes souffrances. Mes charmes font pâlir l'éclat du char
même de mon aïeul[3], mes poisons font pâlir l'Aurore. Vous
65 avez, pour moi, rendu inoffensives les flammes des taureaux, chargé leur cou rebelle à tout fardeau du poids de
la charrue au soc[4] incurvé, vous avez amené les guerriers,
nés des dents du serpent, à tourner contre eux-mêmes leurs
féroces assauts, endormi le gardien qui ignorait le som-
70 meil et, trompant son défenseur, envoyé l'or dans les villes
de Grèce[5]. Maintenant il me faut des sucs[6] capables de
ramener la vieillesse rajeunie à la fleur de l'âge et de lui
rendre ses premières années. Et vous me les donnerez. Car
ce n'est pas sans raison que les astres ont pris un tel éclat,
75 sans raison que ce char traîné par un attelage de dragons
ailés est là, près de moi.» Il y avait auprès d'elle, en effet,
un char descendu du ciel. Dès qu'elle eut caressé le cou des
dragons attelés, secoué de la main les rênes légères, elle est

---

1. *Mânes* : voir note 5, p. 11.
2. Dans l'Antiquité, les éclipses de lune étaient attribuées aux magiciennes. On pensait que le son d'instruments de bronze pouvaient troubler
les enchantements de ces dernières. Témèse est une ancienne ville du sud
de l'Italie.
3. Il s'agit du Soleil, père d'Ætès.
4. *Soc* : pièce de charrue qui tranche horizontalement la terre.
5. Médée rappelle les exploits de Jason.
6. *Sucs* : liquides organiques.

enlevée dans les airs ; elle voit, au-dessous d'elle, s'étendre
80 la vallée thessalienne de Tempé[1] et dirige vers une région
déterminée la course des dragons ; attentivement, elle exa-
mine les herbes poussées sur l'Ossa, sur le haut Pélion, sur
l'Othrys et le Pinde et l'Olympe[2] plus imposant encore que
le Pinde, et, de celles qu'elle a choisies, elle arrache les unes
85 avec la racine, coupe les autres, au pied même, avec la lame
d'une faucille de bronze. Son choix se fixa aussi sur bien
des plantes des bords de l'Apidanus, de ceux aussi de l'Amphrysus, et tu dus aussi fournir ta part à sa récolte, Enipeus ;
et le Pénée, les eaux du Sperchius[3] y apportèrent aussi leur
90 contribution, et les rives du Bœbé[4] envahies par les joncs.
Elle cueillit aussi à Anthédon, sur le détroit d'Eubée[5], la
plante dont la vertu vivifiante n'était pas encore devenue
célèbre par la métamorphose de Glaucus[6]. Et déjà le neuvième jour et la neuvième nuit l'avaient vue parcourant sur
95 son char, et portée par les ailes de ses dragons, les campagnes, lorsqu'elle revint. Les dragons n'avaient, des plantes,
été touchés que par l'odeur : elle suffit cependant pour leur
faire dépouiller leur peau vieille de nombreuses années.

   Elle s'arrêta, en arrivant, debout en deçà du seuil et de
100 la porte, n'ayant au-dessus de sa tête que le ciel ; elle évite

---

1. *Tempé* : vallée verdoyante située au nord-est de la Thessalie.
2. *Ossa*, *Pélion*, *Othrys*, *Pinde*, *Olympe* : montagnes qui bordent la plaine
de Thessalie.
3. *Apidanus*, *Amphrysus*, *Enipeus*, *Pénée*, *Sperchius* : désignent des
fleuves.
4. *Bœbé* : lac au pied du mont Pélion.
5. *Eubée* : île grecque de la mer Égée.
6. *Glaucus* : simple pêcheur devenu dieu marin après avoir consommé
une herbe aux vertus particulières. Cet épisode est raconté par Ovide au
livre XIII des *Métamorphoses*.

soigneusement tout contact avec un homme. Elle éleva deux autels de gazon, l'un à droite en l'honneur d'Hécate, l'autre, à gauche, en l'honneur de Juventa[1]. Quand elle eut tout autour tressé des branches et des feuillages agrestes[2],
105 non loin de là, dans deux fosses creusées dans la terre, elle fait un sacrifice; elle plonge le couteau dans la gorge d'une brebis noire et en répand jusqu'à la dernière goutte le sang dans les fosses béantes. Alors, en même temps qu'elle versait par-dessus des coupes de vin, et versait ensuite des
110 coupes de bronze pleines de lait encore chaud, elle prononça des formules magiques, évoqua les divinités de la terre, et adjure[3] le dieu des ombres[4] et la compagne qu'il enleva de ne pas trop hâtivement retirer des membres du vieillard le souffle qui les animait. Quand elle les eut ren-
115 dus favorables par ses prières, dans un long murmure, elle fit apporter en plein air le corps épuisé d'Æson, et, après avoir assoupli ses membres en le plongeant, par ses incantations, dans le plus profond sommeil, elle étendit le vieillard, semblable à un cadavre, sur une couche d'herbes.
120 «Loin d'ici», commande-t-elle au fils d'Æson. «Loin d'ici», ordonne-t-elle aux serviteurs; et elle les invite à détourner de ce qui doit rester secret leurs yeux profanes[5]. À son ordre, ils se dispersent. Médée, les cheveux épars, comme font les Bacchantes[6], tourne autour des autels où s'élève

---

1. *Juventa* : déesse romaine de la jeunesse.
2. *Agrestes* : champêtres, sauvages.
3. *Adjure* : prie.
4. Le «dieu des ombres» désigne Pluton, dieu grec des Enfers, qui enleva Proserpine.
5. *Profanes* : qui ne sont pas initiés à une religion.
6. *Bacchantes* : dans la mythologie romaine, prêtresses du dieu de la fête et du vin, Bacchus.

125 la flamme, prend des torches faites d'un faisceau de brin-
    dilles, les plonge dans le sang qui noircit la fosse et, une
    fois imprégnées, les allume sur les deux autels ; puis, trois
    fois par le feu, trois fois par l'eau, trois fois par le sou-
    fre, elle purifie le vieillard. Cependant, un philtre puissant,
130 dans le chaudron de bronze placé sur la flamme, entre en
    effervescence, bouillonne, et la surface en est blanchie par
    une mouvante couche d'écume. Elle y fait cuire des racines
    coupées dans la vallée de l'Hémonie, des graines, des fleurs
    et des sucs au goût âcre. Elle y joint des pierres ramassées
135 dans l'Extrême-Orient, du sable qu'au bord de l'Océan le
    reflux de la mer a lavé ; elle y ajoute de la rosée recueillie
    une nuit de pleine lune, et les ailes maudites d'une strige[1],
    accompagnées de sa chair même, les entrailles d'un loup-
    garou habitué à changer son apparence d'animal contre
140 celle d'un homme ; il n'y manquait ni la mue écailleuse
    d'un menu chélydre du Cinyps[2], ni le foie d'un cerf à lon-
    gue vie, auxquels elle ajoute encore le bec et la tête d'une
    corneille[3] qui avait subi l'épreuve de neuf siècles. Quand,
    au moyen de ces ingrédients et de mille autres sans nom,
145 la barbare[4] eut tout préparé pour réaliser un projet qui
    dépasse le pouvoir d'un mortel, avec une branche dessé-
    chée depuis longtemps d'un olivier greffé elle remua le
    tout, et mélangea le fond à la surface. Et voici que le vieux
    rameau agité dans le chaudron brûlant, verdit d'abord, puis
150 en peu de temps, se couvre de feuilles et subitement se

---

1. *Strige* : sorte d'oiseau vampire.
2. La *chélydre* est une féroce tortue d'eau douce ; elle semble représenter
un serpent pour Ovide. Le *Cinyps* est un fleuve de Libye.
3. *Corneille* : oiseau du genre corbeau, assez petit.
4. *La barbare* : l'étrangère.

trouve chargé d'olives mûres. Et partout où le feu a fait jaillir de l'écume hors du chaudron, où des gouttes brûlantes sont tombées sur la terre, le sol sent les effets du printemps et des fleurs et de moelleux pâturages en surgissent.

155 Dès qu'elle eut constaté le fait, Médée, ayant tiré une épée, ouvre la gorge au vieillard et, après avoir laissé s'écouler le vieux sang, elle remplit les veines de ses sucs. À peine Æson les eut-il absorbés, qu'ils eussent pénétré par la bouche ou par la blessure, sa barbe et ses cheveux, dépouillant leur

160 blancheur, devinrent noirs. La maigreur disparaît, la pâleur et la décrépitude s'évanouissent, les sillons des rides sont comblés par une chair nouvelle, les membres ont retrouvé leur vigueur. Æson s'émerveille : il se revoit tel que jadis, quarante ans auparavant.

165 Du haut du ciel, Liber[1] avait vu s'accomplir le prodige d'une si merveilleuse transformation. Ainsi avisé que la jeunesse peut être rendue à celles qui l'ont nourri, il est redevable à la Colchidienne[2] de ce bienfait.

Pélias

Peu disposée à cesser d'ourdir[3] ses ruses, la fille du Phase[4] simule faussement un dissentiment[5] haineux avec son époux et se réfugie suppliante sur le seuil de Pélias. Ce sont ses filles, car lui-même est accablé par le poids de la

---

1. *Liber* : autre nom de Bacchus.
2. *La Colchidienne* : l'expression désigne Médée, originaire de Colchide (ancienne contrée de l'Asie).
3. *Ourdir* : préparer, tramer.
4. *La fille du Phase* : l'expression désigne Médée ; le Phase est un fleuve de Colchide.
5. *Dissentiment* : dispute.

5 vieillesse, qui la reçoivent. L'astucieuse Colchidienne eut tôt
fait de les séduire par les dehors d'une mensongère amitié ;
et, tandis qu'elle raconte, comme l'un des plus grands servi-
ces rendus par elle, qu'elle a fait disparaître la décrépitude
d'Æson, et s'attarde sur ce point, l'espoir se glissa dans le
10 cœur des filles nées de Pélias que par un semblable moyen
leur père pourrait retrouver sa verdeur. Et déjà elles implo-
rent Médée et la prient de stipuler elle-même sa récom-
pense, sans lui fixer de limites. Elle reste quelques instants
silencieuse et paraît hésiter, laissant en suspens par un feint
15 effort de réflexion l'esprit de ses solliciteuses[1]. Bientôt, la
promesse est faite : «Pour que votre confiance soit plus
grande dans cette faveur, dit-elle, le plus vieux parmi vos
moutons des conducteurs de troupeau va, par mes philtres,
redevenir un agneau.» Aussitôt est traîné devant elle un
20 bélier laineux, épuisé par des années innombrables, aux
cornes recourbées autour de ses tempes creuses ; alors la
magicienne fouilla la gorge flétrie d'un couteau d'Hémonie, dont à peine un filet de sang tacha le fer, puis aussitôt
plonge tout ensemble les membres de la bête et des sucs
25 efficaces dans un chaudron de bronze : le philtre réduit les
proportions du corps, détruit les cornes, et, avec les cornes,
les années ; et, du milieu du chaudron, on entend sortir
un timide bêlement. Au même instant, sous les yeux des
spectateurs surpris du bêlement, bondit un agneau, qui fuit
30 en gambadant, en quête de mamelles gonflées de lait. La
stupeur saisit les filles de Pélias, et, quand elles voient que
le miracle promis a démontré la sincérité de Médée, alors
plus pressantes se font leurs instances.

---

1. *Solliciteuses* : celles qui demandent une faveur.

Trois fois Phœbus[1] avait délié du joug ses coursiers qui
35 s'étaient plongés dans le fleuve d'Hibérie[2], et les astres,
au cours de la quatrième nuit, brillaient de tout leur éclat
radieux, lorsque la perfide fille d'Æétès place sur le feu dévo-
rant de l'eau pure et des herbes sans vertus. Et déjà, semblable à la mort, le sommeil s'était emparé du roi, apportant
40 à ses membres la détente, et, avec leur roi, de ses gardes :
effet des incantations de Médée et de la puissance de ses
formules magiques. Sur l'ordre de la Colchidienne, les filles
du roi avaient avec elle franchi le seuil de sa chambre et
entouré son lit : « Pourquoi maintenant hésiter, pourquoi
45 cette inaction ? Tirez, dit-elle, vos épées et versez ce sang
vieilli pour que, les veines vidées, je les remplisse de jeune
sang ! La vie et l'âge de votre père sont entre vos mains.
Si quelque piété filiale vous anime, si vos espoirs ne sont
pas vaine agitation de votre esprit, remplissez ce devoir à
50 l'égard d'un père ; par les armes chassez la vieillesse et,
d'un fer résolument enfoncé, faites couler ce sang appau-
vri. » Obéissant à ces exhortations[3], la plus pénétrée de
piété filiale est la première à y manquer, et, dans la crainte
d'être criminelle, commet un crime. Pourtant, aucune ne
55 peut supporter la vue des coups qu'elle porte ; les yeux
ailleurs, sans regarder, c'est en tournant la tête que, de leurs
mains cruelles, elles criblent le vieillard de blessures. Lui,
ruisselant de sang, se soulève cependant sur le coude, et,

---

1. Allusion à la course du char d'Apollon (Phœbus), qui marque la naissance et la fin du jour. La périphrase « trois fois Phœbus » signifie que
trois jours ont passé.
2. *Hibérie* : désigne l'Occident où se trouve l'Océan dans lequel se termine la course du soleil.
3. *Exhortations* : discours persuasifs pour amener quelqu'un à agir.

à moitié mutilé, essaie de se redresser sur sa couche ; et,
60 au milieu de tant de glaives brandis autour de lui, tendant
ses bras exsangues[1] : « Que faites-vous, mes filles ? Quel
motif vous arme contre la vie de votre père ? » dit-il. Leur
courage et leurs mains défaillirent. Il voulait parler encore,
mais la Colchidienne lui coupa la parole avec la gorge et,
65 après les avoir déchirés, plongea ses membres dans l'onde
bouillante.

Si elle ne s'était élancée dans les airs, emportée par ses
dragons ailés, elle ne se fût pas soustraite au châtiment.

Ovide, *Les Métamorphoses*,
trad. Joseph Chamonard, GF-Flammarion, 1993.

---

1. *Exsangues* : vides de sang.

Les Sorcières de Peñiscola

(Bernard Clavel, *Légendes de la mer*)

Romancier français né en 1923, Bernard Clavel est lauréat du célèbre prix Goncourt (1968, *Les Fruits de l'hiver*). Cet écrivain jurassien a publié près d'une centaine de livres. Dans ce conte issu des *Légendes de la mer*, nous retrouvons la sorcière au sabbat.

Il y avait jadis, à Peñiscola[1], un pêcheur nommé Henriquez dont le souvenir est resté dans toutes les mémoires. Aujourd'hui encore, on raconte volontiers que ce garçon détenait un pouvoir magique et qu'il en usait pour
5 ridiculiser les autres pêcheurs de la côte. En effet, alors qu'il venait d'atteindre sa trentième année, alors qu'il avait toujours pêché ni mieux ni plus mal que ses camarades, il se mit à prendre tant de poissons d'espèces inconnues qu'on en vint à le soupçonner d'avoir passé un pacte avec
10 le diable.

D'ailleurs, loin de chercher à donner un démenti aux accusations portées contre lui, il s'entourait de mystère, ne

---

1. *Peñiscola* : port espagnol sur la Méditerranée.

quittant le port que par les nuits les plus noires et toujours seul pour manœuvrer sa lourde barque.

15 Il en fut ainsi jusqu'à la fin de sa vie. Et c'est plusieurs siècles après sa mort que, fouillant les archives, un écrivain découvrit un parchemin dont personne n'avait osé briser le cachet de cire et qui contenait son secret.

C'est vrai. Henriquez avait toujours mené l'existence
20 commune à tous ceux de son métier lorsque, un matin, en allant prendre son bateau, il constata que le nœud de l'amarre[1] n'était pas tel qu'il avait l'habitude de le faire.

«On s'est servi de mon bateau, se dit-il. Et ce n'est pas un marin. Jamais un homme de la mer ne ferait un nœud
25 pareil !»

La voile non plus n'était pas roulée convenablement, mais Henriquez n'en souffla mot à personne. Il pêcha comme si de rien n'était, regagna son logis, puis, la nuit venue, par un chemin détourné, il s'en fut se cacher dans
30 la cale[2] de son bateau.

Il guettait depuis une heure à peine, lorsqu'il vit monter à bord quatre vieilles femmes sous la conduite de la Ferrer, une aubergiste de mauvaise réputation. Les femmes déta-chèrent l'amarre, hissèrent la voile, et, aussitôt, la barque
35 se mit à filer si vite qu'on eût dit qu'elle volait littéralement à la crête des vagues. Un peu effrayé, mais curieux de voir où pouvaient bien se rendre les vieilles femmes, le pêcheur demeura tapi dans sa cachette.

La nuit étant très obscure et le ciel couvert, Henriquez
40 ne pouvait même pas regarder les étoiles pour s'orienter.

---

1. *Amarre* : cordage qui sert à attacher le bateau à un point fixe.
2. *Cale* : espace situé sous le pont du bateau, généralement utilisé pour le stockage.

Seul son instinct de marin lui disait que le bateau avait mis le cap à l'ouest.

Après quelques heures de course, la proue[1] toucha une plage de sable où les femmes prirent pied. Le pêcheur les laissa s'éloigner avant de quitter la cale. Lorsqu'il put couler un regard vers la terre, ce fut pour voir un grand feu qui brûlait à quelques centaines de mètres du rivage. Sur sa lueur se découpaient les silhouettes noires de nombreuses femmes qui exécutaient une espèce de danse très lente.

« Ce sont des sorcières, se dit Henriquez, et je suis tombé en plein sabbat. Mon Dieu, quelle histoire ! »

Comme les sorcières étaient trop occupées pour se soucier de lui, il longea la grève[2], essayant de découvrir une habitation ou quelque détail qui lui permît de reconnaître cette côte. Mais il ne trouva rien que du sable fin. Regagnant sa barque, Henriquez s'éloigna un peu de la rive et ses pieds foulèrent une touffe de roseaux. Il en coupa une tige qu'il emporta dans sa cachette.

Leur sabbat terminé, les vieilles reprirent place à bord, et la barque se remit à filer comme si son équipage eût possédé cette fameuse corde à virer le vent que les matelots font chercher par les mousses[3] débutants. Vent arrière pour venir, vent arrière pour repartir – et quel vent ! –, pour le marin qu'était Henriquez, il y avait de quoi réfléchir !

Bien avant l'aube, la barque abordait à Peñiscola, et les sorcières se fondaient dans les brumes montant de la mer.

---

1. *Proue* : avant du navire.

2. *Grève* : plage.

3. *Mousses* : jeunes garçons de moins de seize ans qui font l'apprentissage du métier de marin sur un navire de commerce.

Dès que l'apothicaire, qui connaît les plantes, eut ouvert sa boutique, le pêcheur lui porta le roseau qu'il avait coupé 70 sur la plage.

«Où as-tu trouvé cela ?» demanda le vieillard, un peu surpris.

Vous pensez bien qu'Henriquez n'allait pas lui raconter son aventure !

75 «C'est un marin étranger qui me l'a donné, dit-il. Mais comme il ne parlait pas l'espagnol, je n'ai pas compris d'où il venait.

– Eh bien, mon garçon, il n'y a pas de mystère, ce gaillard-là venait tout droit d'Amérique. Et je peux même 80 te dire que son navire a dû bénéficier d'un fameux vent, car il n'y a pas très longtemps que ce roseau a été coupé.»

Et le vieil homme ajouta en riant :

«Mais, tu sais, il ne t'a pas fait un bien beau cadeau, il n'y a même pas de quoi tailler une flûte.»

85 Revenu de son étonnement, Henriquez s'en alla retrouver la Ferrer dans l'arrière-salle de son auberge. Il lui raconta sa nuit et ajouta :

«Tu sais que les sorcières sont brûlées vives. Si je parles, tu seras condamnée et exécutée.

90 – Et alors, grogna la vieille de sa voix qui grinçait comme une mauvaise serrure, combien veux-tu pour ton silence ?

– Je ne veux pas d'argent. Tu n'en aurais pas assez, car le secret que je porte à présent vaut une fortune. Ce que je veux, c'est un sort qui me permettra de naviguer aussi vite 95 que toi.»

La sorcière n'avait pas le choix. Elle déplaça une pierre de son mur, retira de sa cache un petit flacon de poudre rouge et le tendit au pêcheur en disant :

«Tu en as pour toute ta vie. Car deux grains sur la voile suffisent pour une traversée de l'océan. Et que personne jamais ne te surprenne, car toi aussi tu serais considéré comme sorcier.»

Tel était le secret d'Henriquez, le pêcheur de Peñiscola qui rapportait de ses sorties nocturnes des poissons pris à des milliers de lieues[1] de la côte espagnole.

Bernard Clavel, *Légendes de la mer*,
© Hachette-Livre, coll. «Le Livre de Poche jeunesse», 2007.

© Mary Evans/Rue des Archives

■ Sabbat de sorcières. Gravure du XIXe siècle.

---

1. La *lieue* marine est une unité de mesure valant 5,555 kilomètres.

Le Balai volant

(Édith Montelle, *L'Ondine de la Nied*)

Comme en témoigne « Le Balai volant », Édith Montelle maîtrise l'art de conter. Elle publie des recueils, participe à de nombreux festivals, propose des spectacles... Elle partage sa passion des histoires sans « compter ».

La sorcière du « Balai volant » est belle – mais elle possède la beauté du diable, qui « ensorcelle » et trompe son mari. Dans ce conte moderne, la situation finale est heureuse pour ce personnage dont les pratiques sataniques ne sont pas punies de mort.

Les cloches de l'église de Vaudreching[1] sonnaient à toute volée pour célébrer le mariage du joli Jhängel et de sa bien-aimée ! Que la mariée était belle avec ses cheveux de feu, ses yeux d'herbe printanière et sa taille de guêpe.
5 Jhängel était fier d'elle !

Le jeune ménage s'installa dans une maisonnette entourée d'un jardin auquel la jeune épouse consacrait la majeure partie de ses journées. C'était un plaisir de la voir virevolter

---

1. *Vaudreching* : ville du département de la Moselle.

en chantant entre ses fleurs et ses herbes, entre ses choux et
10 ses haricots. Jhängel était rayonnant.

Or, une nuit, il se réveilla et tendit la main vers sa femme.
Le lit était vide, la place était froide ! Inquiet, il se lève, cher-
che dans toute la maison, appelle. Personne ne répond. Il
fait le tour de la maison, puis, de guerre lasse[1], revient se
15 coucher, décidé à attendre le retour de son épouse. Mais
le sommeil a raison de lui, et, quand il se réveille, elle est
allongée à ses côtés, comme si de rien n'était. Il crut avoir
rêvé.

La nuit suivante, il se réveilla encore : elle s'était de
20 nouveau volatilisée. Au matin, cependant, elle était là, toute
aux petits soins. Il lui demanda :

«Où étais-tu cette nuit ? Je t'ai cherchée partout, je t'ai
appelée ! Tu ne m'as pas répondu !

– Cette nuit ? Ah oui ! Je n'arrivais pas à dormir. Alors,
25 pour ne pas te déranger, je suis allée me promener !

– Dans la nuit ? Toute seule ? Il faut faire attention à toi,
ma petite souris !

– Ne t'inquiète pas pour moi, je ne suis plus une enfant,
mon Jhängelchen !» dit-elle en riant et en le cajolant.

30 Le soir, il essaya de se tenir éveillé pour la surveiller, mais
il ressentait sa journée de travail et, malgré toute sa volonté,
il s'endormit. Quand il se réveilla, en pleine nuit, elle n'était
encore pas là.

Toute la journée suivante, il but du café, et, après le
35 souper, il dit :

«Je suis épuisé ! Je crois que je vais me mettre au lit tout
de suite ! Bonne nuit !

---

1. *De guerre lasse* : expression qui signifie le renoncement.

– Je finis la vaisselle et je te rejoins », dit-elle.

La tête sur l'oreiller, il se mit à ronfler à faire trembler
les murs. Elle se pencha sur lui et lui saisit le bras. Il fut si
surpris qu'il s'assit dans son lit.

« Je t'ai réveillé ! Excuse-moi, mais tu ronflais si fort que
tu m'empêchais de dormir ! »

Il referma les yeux et s'appliqua à mieux feindre le sommeil. Quand elle souleva de nouveau son bras et le lâcha, il
le laissa retomber lourdement, comme s'il dormait profondément. Il sentit alors qu'elle écartait les draps et se levait.
Sur la pointe des pieds, elle se dirigeait vers la cuisine. Il la
suivit sans bruit.

Elle prit le balai derrière la porte, l'enfourcha et dit :

Iwwer de Hecken un de Strécher !
Au-dessus des haies et des buissons !
Au-dessus des arbres et des bois !
Balai, balai, emporte-moi !

À peine avait-elle terminé cette phrase qu'elle disparais-
sait dans la cheminée. Son mari courut à la porte de la maison et la vit s'élever vers le ciel étoilé. Il l'attendit une bonne
partie de la nuit, puis finit par s'endormir. À son réveil, elle
était là, pimpante et souriante, comme d'habitude. Il ne lui
demanda rien, mais, dans la journée, il s'acheta un balai
qu'il remisa[1] parmi ses outils.

Le lendemain soir, quand la jeune femme fut partie, il
enfourcha son balai et prononça les paroles magiques :

---

1. *Remisa* : rangea.

Duerch de Hecken un de Strécher!
65 *À travers les haies et les buissons!*
À travers les arbres et les bois!
Balai, balai, emporte-moi!

Mais il s'était trompé de mots. Il avait confondu *Iwwer* avec *Duerch*, *au-dessus* avec *à travers*, et voici ce qu'il 70 advint :

Jhängel s'envola à travers la cheminée, se cognant aux murs, se couvrant de suie. Mais le balai, au lieu de l'emmener vers le ciel, vers la lune et les étoiles, l'entraîna à travers les buissons de ronces qui le déchirèrent, les branches des 75 arbres qui le fouettèrent jusqu'au sang : le jeune homme n'osait pas lâcher le manche du balai, de peur de culbuter par terre et de se casser quelque chose. Hurlant de terreur, il déboucha dans une clairière, au milieu de la forêt d'Alzing[1], sur le chemin des Sorcières. Là, au pied d'un chêne gigan-80 tesque, un immense brasier était allumé. Tout autour, sorciers et sorcières chantaient, dansaient, festoyaient. Sous l'arbre trônait la Reine de la Nuit, la Dame du Sabbat, aux cheveux de feu, aux yeux d'herbe printanière et à la taille de guêpe, son épouse tant aimée!

85 Dès qu'il toucha terre, Jhängel retrouva ses esprits et, fou de colère, il courut vers sa femme et, en trois coups, il lui cassa son balai sur le dos et la tête! En un clin d'œil, tout disparut, et le pauvre mari se retrouva seul auprès de son balai brisé, au milieu de la forêt de nouveau silencieuse. 90 Désespéré, il rentra chez lui à pied et ce n'est qu'au petit matin qu'il arriva à sa maisonnette, crotté, épuisé. La belle

---

1. *Alzing* : commune de Moselle, non loin de Vaudreching.

dormait comme un ange dans leur lit. Elle écarquilla ses
yeux verts en jouant la surprise :

95 « Dans quel état te voilà ! Qu'ai-je fait au ciel pour méri-
ter un mari qui découche la nuit entière et revient blessé,
les habits déchirés ! Où t'es-tu traîné ? Ne m'aimes-tu donc
plus ? »

Sous ce flot de paroles et de reproches injustifiés, le pauvre Jhängel restait tout ahuri. Lorsqu'elle reprit son souffle,
100 il risqua :

« Montre-moi ton dos ! »

– Mon dos ? Qu'est-ce qu'il a, mon dos ? protesta-
t-elle énergiquement. Tu as des idées bizarres, ce matin,
Jhängelchen ! »

105 Comme il se rapprochait, menaçant, elle adoucit le
ton :

« Écoute, mon sucre d'orge ! Oublie cette nuit et j'oublie-
rai l'état dans lequel tu t'es mis ! Je te promets que plus
jamais je ne quitterai notre lit sans te prévenir ! »

110 Elle tint parole, dit-on à Vaudreching. Jhängel et sa belle
sorcière vécurent très longtemps heureux ensemble, et, s'ils
ne sont pas morts, peut-être bien qu'ils vivent encore.

Édith Montelle, *L'Ondine de la Nied*,
Contes et légendes de Moselle,
© Éditions Serpenoise, 1994.

Yorinde et Yoringue

(Grimm, *Contes*[1])

Ce conte de Grimm et celui qui suit (« Roland, le bien-aimé »,
p. 122) illustrent l'étendue de certains pouvoirs de la sorcière :
la capacité à se transformer et à métamorphoser ses victimes
(« Yorinde et Yoringue »), et l'usage maléfique d'accessoires
magiques – notamment la baguette, que la sorcière partage
avec la fée mais qu'elle emploie toujours à des fins funestes
(« Roland le bien-aimé »).

    Il était une fois un vieux château au cœur d'une grande
et épaisse forêt ; il n'était habité que par une seule et uni-
que vieille femme qui était une archisorcière. Le jour, elle
se transformait en chatte ou en chouette, mais la nuit elle
5 redevenait normalement la femme qu'elle était. Elle avait
le pouvoir d'attirer et de fasciner le gibier et les oiseaux,
qu'elle capturait sans se déplacer, pour les mettre à la marmite ou sur la rôtissoire. Si quelqu'un approchait du château, à la distance de cent pas il était immobilisé et figé
10 sur place, incapable de faire un mouvement tant qu'elle ne

---

1. Voir p. 33.

l'avait pas désensorcelé ; mais si d'aventure c'était une pure jeune fille qui entrait dans ce cercle magique de cent pas, la sorcière la transformait en oiseau et la mettait dans une corbeille, puis elle portait la corbeille dans une chambre
15 du château. Elle avait bien sept mille corbeilles de cette sorte dans le château, et dans chacune un oiseau de cette rare espèce.

Or, il y avait aussi une jeune fille qui s'appelait Yorinde, et qui était la plus belle de toutes les vierges de son temps ;
20 et il y avait encore un très beau garçon qui s'appelait Yoringue, et tous deux s'étaient promis l'un à l'autre. Ils étaient au temps de leurs fiançailles et se trouvaient extrêmement heureux en compagnie l'un de l'autre. Pour se faire leurs confidences et parler en toute intimité, ils s'en allèrent
25 se promener dans la forêt.

« Garde-toi bien et fais attention de ne pas t'approcher du château ! » dit Yoringue.

La soirée était magnifique et le soleil couchant coulait de l'or entre les branches des arbres sous le vert sombre
30 de la forêt ; dans le feuillage des hêtres centenaires, la tourterelle faisait entendre son chant plaintif. Yorinde pleurait par moments, s'arrêtant dans les rayons du soleil avec une plainte ; et Yoringue pleurait et gémissait aussi. Ils se sentaient tout désemparés, bouleversés comme s'ils allaient
35 mourir : ils regardaient de tous côtés, mais ils étaient perdus et ne savaient plus du tout par où ils devaient aller pour rentrer. Déjà il ne restait plus qu'une moitié de soleil par-dessus la montagne, l'autre moitié était dessous. En regardant dans le taillis, Yoringue aperçut le vieux mur du
40 château tout près, là, tout près de lui ; il en fut tout épouvanté et saisi d'une angoisse mortelle. Yorinde chantait :

Mon oiselet au rouge anneau
Chante douleur, douleur, douleur :
Chante à la mort du tourtereau,
45 *Chante douleur, doul... twicut, twic !...*

Yoringue se tourna vers Yorinde. Yorinde venait d'être transformée en un rossignol qui chantait «twicut, twic !». Une chouette aux yeux phosphorescents vint tourner trois fois autour d'elle, battant lourdement des ailes, et par trois 50 fois elle poussa son ululement : «Oulou-hou-houou...» Yoringue ne pouvait bouger, pas faire le moindre mouvement ; il était figé là comme une pierre ; il ne pouvait ni pleurer, ni crier ; rien. Le soleil, à présent, avait complètement disparu : la chouette vola jusqu'à un buisson touffu, 55 d'où sortit immédiatement une vieille femme toute tordue, maigre et jaune, avec de gros yeux rouges proéminents, et un nez si crochu qu'il lui touchait la pointe du menton. Tout en marmonnant des choses, elle attrapa le rossignol et l'emporta sur son poing.

60 Yoringue ne put rien dire, ne put absolument pas bouger. Le rossignol était loin.

La femme finit par revenir et prononça d'une voix caverneuse : «Je te salue, Zéchiel, lorsque la lune en la corbeille brille ; défais les liens, Zéchiel, à la bonne heure !» Et 65 Yoringue se trouva libre.

Il se jeta aux genoux de la vieille femme, la suppliant de lui rendre Yorinde ; mais elle lui dit qu'il ne l'aurait jamais plus, et s'en alla. Il eut beau appeler, pleurer, gémir, rien n'y fit. «Que vais-je devenir, oh ! que vais-je devenir ?»

70 Yoringue s'éloigna et finit par arriver dans un village inconnu, où il resta longtemps à garder les moutons. Il

s'en allait souvent tourner autour du vieux château, mais pas trop près. Et pour finir il eut un rêve, une nuit, où il trouvait une fleur rouge de sang, dont le cœur était une perle très belle et très grosse. Il cueillait la fleur et avec elle se rendait au château, et tout ce qu'il touchait avec la fleur était délivré de l'enchantement. Dans son rêve, il avait aussi retrouvé sa Yorinde grâce à la fleur.

Le matin, quand il fut réveillé, il courut aussitôt par monts et par vaux[1] à la recherche d'une fleur pareille. Huit jours durant, il la chercha, et à l'aube du neuvième jour, il trouva la fleur rouge de sang. Elle avait dans son cœur une grosse goutte de rosée, aussi grosse qu'une belle perle. Cette fleur, il la porta jour et nuit jusqu'à ce qu'il fut au château. Quand il franchit le cercle des cent pas, il ne fut pas cloué sur place, non : il s'avança jusqu'au grand porche de l'entrée. Yoringue se sentait transporté de joie. Il toucha la grand-porte avec la fleur, et les deux lourds battants s'ouvrirent aussitôt. Il entra, s'avança dans la cour, écouta pour savoir où étaient les oiseaux, et il les entendit enfin. Alors il y alla et entra dans la salle, où la sorcière était en train de donner à manger à ses oiseaux dans leurs sept mille corbeilles. Lorsqu'elle vit Yoringue, elle entra en fureur, dans une terrible fureur, crachant l'insulte, le fiel[2] et le poison contre lui, mais sans pouvoir l'approcher à deux pas. Il ne s'occupa pas d'elle, mais s'avança tout droit vers les paniers aux oiseaux pour les examiner ; des rossignols, hélas ! il y en avait des centaines et des centaines. Comment pourrait-il jamais retrouver sa Yorinde dans un pareil nombre ? Il

---

1. *Par monts et par vaux* : à travers tout le pays, partout.
2. *Fiel* : voir note 1, p. 55.

100 était là, perplexe[1], plongé dans sa contemplation, quand il
aperçut, du coin de l'œil, la vieille qui emportait subrepticement[2] une petite corbeille avec son oiseau dedans, essayant
de se glisser vers la porte. Il y vola d'un bond, toucha le
panier avec sa fleur, et la vieille femme aussi. À présent, elle
105 était impuissante avec ses sortilèges, et Yorinde était là, qui
lui jeta les bras autour du cou ; et elle était toujours aussi
belle, aussi belle qu'elle l'avait toujours été !

Alors Yoringue rendit à leur virginité tous les autres
oiseaux, puis il ramena Yorinde à la maison, où ils vécurent
110 encore longtemps, infiniment heureux l'un avec l'autre.

Grimm, *Contes*, éd. cit., t. I.

---

1. *Perplexe* : hésitant et embarrassé.
2. *Subrepticement* : discrètement, en cachette.

Roland le bien-aimé

(Grimm, *Contes*[1])

Il y avait une fois une femme qui était une véritable sorcière et qui avait deux filles : une fille laide et méchante ; et celle-là, elle l'aimait parce que c'était sa vraie fille ; et l'autre, jolie et gentille, qu'elle haïssait parce que ce n'était
5 que sa belle-fille. Et comme celle-là, à un certain moment, portait un beau tablier, l'autre, qui était jalouse et envieuse, voulut l'avoir et dit à sa mère qu'il le lui fallait.

« Sois tranquille, tu vas l'avoir ! lui répondit la vieille. Ta demi-sœur a mérité la mort depuis longtemps déjà, et cette
10 nuit, quand elle dormira, je viendrai lui couper la tête. Tout ce qu'il faut, c'est que tu te mettes bien au fond du lit, toi, du côté du mur, et que tu la pousses bien au bord. »

Tel est le malheur qui serait assurément arrivé à la pauvre fille, si elle ne s'était, heureusement, trouvée justement
15 dans un coin où elle avait tout entendu. Il lui fut défendu de franchir la porte tout au long de la journée, et le soir, quand ce fut l'heure d'aller au lit, l'autre alla vite se coucher la première pour se tenir au fond du lit, mais la condamnée,

---

1. Voir p. 33 et 117.

tout doucement, la fit glisser devant pendant qu'elle dormait et se mit elle-même à sa place, contre le mur. Au milieu de la nuit, la vieille se glissa sans bruit jusque-là, tenant une hache dans sa main droite. De la main gauche, elle tâta sur le bord du lit pour bien vérifier qu'il y avait quelqu'un de couché là, puis elle prit sa hache à deux mains et l'abattit férocement, décapitant du premier coup sa propre fille.

Dès que la vieille s'en fut allée, croyant avoir tué la fille qu'elle n'aimait pas, celle-ci se leva et s'habilla pour s'enfuir et aller retrouver celui qu'elle aimait, et qui s'appelait Roland. Elle frappa à sa porte et lui dit, dès qu'il eut ouvert :

«Écoute, Roland mon bien-aimé, il faut que nous prenions la fuite en toute hâte! Ma belle-mère a voulu m'assassiner, mais c'est sa fille qu'elle a tuée sans le savoir. Dès qu'il va faire jour, elle s'en apercevra et ce sera notre perte!

– Mais si j'ai un conseil à te donner, lui dit Roland, c'est d'abord de lui prendre sa baguette magique, sinon nous n'arriverons jamais à lui échapper et à trouver le salut[1] : elle nous poursuivra et nous rejoindra toujours!»

La jeune fille retourna là-bas et s'empara de la baguette magique, après quoi elle prit aussi la tête coupée, dont elle fit tomber trois gouttes de sang sur le sol : la première près du lit, la seconde dans la cuisine et la troisième sur l'escalier. Elle rejoignit ensuite son bien-aimé et s'enfuit avec lui.

Au matin, quand la vieille sorcière se leva, elle commença par appeler sa fille, à laquelle elle voulait donner

---

1. *Salut* : voir note 1, p. 37.

le tablier de l'autre. Mais sa fille ne répondit pas et vint encore moins. Elle l'appela plus fort et cria :

50 « Où es-tu ?

– Je suis là, sur l'escalier, répondit alors la première goutte de sang, je suis en train de balayer ! »

Mais la vieille eut beau monter les marches pour aller voir : il n'y avait personne. Elle cria de nouveau :

55 « Où es-tu ?

– Je suis là, dans la cuisine, en train de me réchauffer un peu, répondit la deuxième goutte de sang. »

Mais quand la vieille arriva dans la cuisine, elle n'y vit personne non plus. Encore une fois, elle cria :

60 « Où es-tu ?

– Je suis ici, dans le lit, et je dors ! » répondit la troisième goutte de sang.

La vieille alla dans la chambre et s'avança jusqu'au lit, mais ce fut pour y voir alors sa propre fille qui nageait dans
65 son sang, décapitée.

Dans une colère folle, la sorcière sauta à la fenêtre, d'où elle vit – car certaines sorcières ont la vue qui porte très loin – sa belle-fille qui s'enfuyait avec son bien-aimé Roland.

70 « Cela ne vous servira de rien ! leur cria-t-elle. Vous seriez même au bout de l'horizon, que vous ne m'échapperez pas ! J'aurai tôt fait de vous rejoindre ! »

Elle enfila ses bottes de sept lieues, avec lesquelles elle faisait à chaque pas le chemin d'une heure, et il ne lui fal-
75 lut pas longtemps pour rejoindre les deux fuyards. Mais la jeune fille, en la voyant approcher, se servit de la baguette magique pour changer son cher Roland en un lac au milieu duquel, changée elle-même en cane, elle se mit à nager. La

sorcière, arrêtée sur la rive, jeta force miettes de pain et se
donna toutes les peines du monde pour faire approcher
la cane, qui se garda bien de s'y laisser prendre ; quand
le soir tomba, la vieille dut abandonner ses tentatives et
retourner chez elle. Alors la jeune fille reprit, avec son cher
Roland, sa forme naturelle pour continuer à s'enfuir avec
lui. Ils marchèrent toute la nuit jusqu'à la pointe du jour, et
alors elle se changea elle-même en une fleur au milieu des
épines, et elle changea Roland, son bien-aimé, en joueur
de violon.

C'était tout juste fait, que déjà arrivait la sorcière qui
entreprit le violoniste.

« Mon cher ménétrier[1], lui dit-elle, cette jolie fleur que je
vois là, est-ce que je peux la cueillir ?

– Mais bien sûr ! lui dit-il. J'en profiterai pour jouer un
peu. »

Seulement voilà : quand la sorcière, pleine de hâte, se fut
jetée au milieu du buisson épineux, et alors qu'elle tendait
déjà la main pour cueillir la jolie fleur, car elle savait très
bien *qui* était cette fleur, le violoniste commença à jouer
de son instrument et il fallut, qu'elle le voulût ou non, il
fallut absolument qu'elle dansât sur sa musique, dansât et
dansât sans pouvoir s'arrêter, se déchirant dans les épines
par la faute de cette danse enchantée. Plus il jouait vite, et
plus haut elle devait sauter, bondir et tournoyer, de telle
sorte que les ronces lui arrachèrent ses vêtements du corps,
lui écorchèrent et lui déchirèrent la peau de plus en plus
profondément, la faisant saigner de partout. Et comme la
musique magique ne cessait toujours pas, il lui fallut danser

---

1. Ménétrier : violoniste de village qui accompagnait les noces.

et sauter et tressauter si longtemps qu'elle finit par tomber morte sur le sol.

110 Libérés, ils reprirent leur forme humaine et Roland dit :

«Maintenant, je vais aller tout de suite chez mon père et faire préparer nos noces.

– Et moi, pendant ce temps, je vais t'attendre ici, répon-
115 dit la jeune fille. Et pour que nul ne me reconnaisse pendant que je serai là à t'attendre, je vais me changer en caillou, en un joli caillou rouge.»

Roland s'éloigna donc et la jeune fille resta là, comme un joli caillou rouge sur la terre, immobile, à attendre le
120 retour de son bien-aimé. Mais Roland, quand il fut chez lui, tomba dans les filets d'une autre, qui le prit et le retint si bien, qu'il en oublia complètement celle qui l'attendait et pour qui il était venu. La malheureuse resta longtemps, longtemps à l'attendre ; mais quand elle vit que décidément
125 il ne revenait pas, le chagrin l'accabla et elle se changea en une fleur, espérant que quelqu'un viendrait la piétiner et l'écraser sous ses pieds. «Il y aura bien quelqu'un qui viendra par ici, pensa-t-elle, et qui m'écrasera !»

Mais il se fit qu'un berger qui gardait ses moutons par
130 là, vit la fleur et la trouva si belle qu'il la cueillit, l'emporta et la garda dans sa cantine[1]. Et depuis ce moment-là, il se passa de bien curieuses choses dans la cabane du berger ! Le matin, quand il se levait, tout son ménage était déjà fait : la chambre était balayée, le banc et la table époussetés, le
135 feu brûlait clair dans la cheminée, l'eau avait été tirée et rentrée ; à midi, quand il revenait, la table était mise et le repas

---

1. *Cantine* : malle rudimentaire.

était prêt, tout servi, excellent. Il n'arrivait pas à comprendre comment il se faisait que, sans qu'il vît jamais personne dans sa petite cabane où, d'ailleurs, personne n'aurait pu 140 se cacher, tout fût ainsi en ordre et toujours prêt. Ce n'était certes pas pour lui déplaire, mais à la fin, il s'en inquiéta et se sentit même si peu rassuré qu'il alla consulter une fée sur cette affaire, et lui demanda un conseil. La fée lui dit :

«Il y a de la sorcellerie là-dessous. Tu n'as qu'à faire 145 attention le matin, de très bonne heure; et si jamais tu vois quelque chose bouger dans ta cabane, quoi que ce soit et quoi que cela puisse être, empresse-toi de jeter dessus un mouchoir blanc, l'enchantement sera empêché.»

Le berger fit comme la fée le lui avait dit et le lendemain, 150 à l'aube, guettant de toute son attention, il vit le couvercle de sa cantine se soulever et la fleur qui sortait. Il se leva prestement et jeta dessus un beau mouchoir bien blanc. La transformation étant annulée, il vit une belle jeune fille debout devant lui, qui lui avoua que c'était bien elle, en 155 effet, qui s'était changée en fleur, et qu'elle lui avait tenu son ménage depuis qu'il l'avait cueillie et rapportée chez lui. Puis elle lui raconta toute sa triste histoire. Comme elle lui plaisait beaucoup, le berger lui demanda si elle voulait l'épouser.

160 «Non, lui dit-elle, parce que, même s'il m'a oubliée, je veux rester fidèle à Roland, mon bien-aimé. Mais je te promets, par contre, de ne pas m'en aller d'ici et de continuer à te tenir ta maison.»

Elle resta donc et le temps passa; le temps passa et vint 165 le jour que les noces de Roland avec la rivale devaient être fêtées. Or, c'était une vieille coutume dans le pays que toutes les vierges fussent invitées et se rendissent aux noces

pour honorer les jeunes mariés en leur chantant chacune quelque chose. En apprenant la nouvelle, la malheureuse
170 délaissée fut triste plus que jamais, si triste qu'elle crut que son cœur allait se déchirer dans sa poitrine. Bien sûr, elle ne voulait pas aller au mariage, mais les autres jeunes filles du pays vinrent la chercher et il fallut qu'elle y allât. Et lorsque ce fut son tour de chanter, elle le laissa passer et
175 se recula, se recula jusqu'à ce qu'il ne restât plus qu'elle, toute seule. Alors elle ne put plus reculer ni faire autrement que de chanter.

Mais elle commençait tout juste à chanter, et son chant avait tout juste pu parvenir à l'oreille de Roland, qu'il sur-
180 sauta, se mit debout et cria : « Cette voix, je la reconnais, c'est celle de ma vraie fiancée ! Et je n'en épouserai pas une autre qu'elle. » Car tout ce qu'il avait oublié, tout ce qui lui était sorti de l'esprit, oui, tout lui était revenu d'un seul coup dans le cœur. Et ce fut la jeune fille fidèle qui célébra
185 ses noces avec Roland, le bien-aimé. Sa souffrance finissait là, et le bonheur pour elle commençait.

Grimm, *Contes*, éd. cit., t. I.

SORCIÈRES D'AILLEURS

■ La bada Yaga dans sa maison à pattes de poulet, assise dans son mortier et son pilon à la main (1897).

La Baba Yaga

(Afanassiev, *Contes populaires russes*)

Grand admirateur des frères Grimm, Alexandre Afanassiev (1826-1871) publia de 1855 à 1863 les *Contes populaires russes* qu'il avait collectés. Son ouvrage connut alors un immense succès en Russie.

La baba Yaga est une sorcière qui mange des enfants. Cette affreuse vieille femme se déplace dans un mortier[1] à l'aide d'un pilon. Sa maison, située au fin fond de la forêt, repose sur des pattes de poulet. On retrouve baba Yaga dans de nombreux contes slaves.

Il était une fois un vieux et une vieille qui avaient une fille. Devenu veuf, le vieux se remaria. La méchante marâtre[2] prit la fillette en haine, ne cessant de la battre et ne rêvant qu'à s'en débarrasser. Un jour que le père était absent, elle dit à
5 sa belle-fille :

« Va chez ma sœur, ta tante, et demande-lui une aiguille et du fil pour te coudre une chemise ! »

---

1. *Mortier* : voir note 4, p. 30.
2. *Marâtre* : voir note 1, p. 34.

Or, cette tante n'était autre que la baba Yaga en personne.

La fillette, qui n'était point sotte, courut d'abord chez
10 sa tante à elle.

« Bonjour, tata !

– Bonjour, ma chérie ! Que se passe-t-il ?

– Mère m'envoie chez sa sœur lui demander une aiguille
et du fil pour me coudre une chemise ! »

15 Alors, sa tante la mit en garde :

« Là-bas, ma nièce, quand le bouleau essaiera de te cin-
gler les yeux, attache-le avec un ruban. Là-bas, quand les
battants du portail grinceront et s'efforceront de te frapper,
verse de l'huile sur le seuil. Là-bas, quand les chiens se
20 jetteront vers toi pour te mettre en pièces, lance-leur du
pain. Là-bas, quand le chat voudra te sauter à la figure pour
t'arracher les yeux, donne-lui du jambon ! »

La fillette se mit en route et ne tarda pas à arriver.

Tout à coup, devant elle, apparut une chaumine[1], dedans
25 était assise la baba Yaga-jambe d'os, occupée à tisser :

« Bonjour, tante !

– Bonjour, ma chère !

– Mère m'envoie te demander une aiguille et du fil pour
me coudre une chemise !

30 – Fort bien. Assieds-toi et tisse en m'attendant. »

Tandis que la fillette s'installait au métier, la baba Yaga
sortit et dit à sa servante :

« Va faire chauffer l'étuve[2] pour laver ma nièce. Surtout
frotte-la bien, car je veux en faire mon déjeuner ! »

---

1. *Chaumine* : petite chaumière, maison au toit de chaume.
2. *Étuve* : endroit clos dont on élève la température pour provoquer la
transpiration.

³⁵ La fillette, qui avait tout entendu, restait là, plus morte que vive. Quand la servante vint la chercher, la pauvre petite lui fit cadeau d'un foulard et la pria ainsi :

«Quand tu feras brûler les bûches, ma bonne, arrose-les sans compter, ne plains surtout pas l'eau que tu verseras
⁴⁰ dessus!»

Et la baba Yaga se mit à attendre. Elle s'approcha de la fenêtre et questionna :

«Tu tisses toujours, ma nièce?

– Mais oui, mais oui, tante, je tisse!»

⁴⁵ Quand la baba Yaga se fut éloignée, la fillette en profita pour donner au chat du jambon et pour lui demander :

«Dis-moi comment faire pour m'en aller?

– Tiens, voici un peigne et une serviette, répondit le chat. Prends-les et fuis, car la baba Yaga va te pourchasser. Toujours
⁵⁰ courant, tu colleras de temps à autre l'oreille contre la terre pour savoir où elle est. Dès que tu l'entendras venir, tu jetteras la serviette derrière toi. Alors une rivière immense se mettra à couler. Si jamais la baba Yaga parvient à la traverser et te talonne à nouveau, colle derechef[1] l'oreille contre terre
⁵⁵ et, quand elle sera tout près, jette le peigne : il se dressera alors une forêt infranchissable qu'elle ne pourra traverser!»

La fillette s'en alla en emportant peigne et serviette. Quand les chiens voulurent se précipiter sur elle, elle leur jeta du pain et ils la laissèrent passer; quand les battants
⁶⁰ du portail voulurent se refermer sur elle en claquant, elle versa de l'huile sur le seuil et ils la laissèrent passer; quand le bouleau voulut lui cingler les yeux, elle lui attacha les branches avec un ruban et il la laissa passer. Le chat, lui,

---

1. *Derechef* : encore une fois.

besognait, assis devant le métier à tisser, emmêlant à vrai
65 dire plus de fils qu'il n'en démêlait. La baba Yaga s'approcha de la fenêtre et questionna :

«Tu tisses toujours, ma nièce ?

– Mais oui, mais oui, tante, je tisse !» ronronna le chat.

La baba Yaga bondit à l'intérieur et, s'avisant du tour
70 qu'on lui avait joué, elle se mit à battre et à tancer[1] le chat
pour n'avoir pas arraché les yeux à la visiteuse :

«Depuis le temps que je te sers, répondit le chat, jamais
tu ne m'as abandonné le plus petit os et elle, elle m'a donné
du jambon !»

75 La baba Yaga se jeta vers les chiens, vers le portail, vers
le bouleau pour les rudoyer et les malmener tour à tour.
Les chiens de dire :

«Depuis le temps que nous te servons, jamais tu ne nous
as jeté la moindre croûte, même brûlée, et elle, elle nous a
80 donné du pain !»

Le portail de continuer :

«Depuis le temps que je te sers, jamais tu n'as versé la
moindre goutte d'eau sur mon seuil, et elle, elle y a versé de
l'huile !»

85 Le bouleau d'ajouter :

«Depuis le temps que je te sers, jamais tu n'as attaché
mes branches avec le moindre fil, et elle, elle les a attachées
avec un ruban !»

Et la servante de renchérir :

90 «Depuis le temps que je te sers, jamais tu ne m'as donné le
moindre chiffon, et elle, elle m'a fait cadeau d'un foulard !»

---

1. *Tancer* : réprimander.

La baba Yaga-jambe d'os monta au plus vite sur son mortier et, chassant de son pilon, effaçant les traces de son balai, elle se mit à filer à la poursuite de la fillette. Celle-ci
95 colla son oreille contre terre et, entendant la poursuite, elle se saisit de la serviette, la jeta derrière elle : aussitôt, une rivière immense se mit à couler. La baba Yaga en grinça des dents de fureur. Elle partit chercher ses taureaux, qui burent toute l'eau. Voilà la baba Yaga qui fonçait à nouveau. La
100 fillette colla l'oreille contre terre et entendit la course.

Alors, elle jeta son peigne et une forêt sombre et terrifiante se dressa. La baba Yaga voulut la ronger, mais ses efforts furent vains, elle ne put en venir à bout et rebroussa chemin.

De retour au logis, le vieux s'inquiéta :
105 «Où est ma fille ?

– Elle est allée chez sa tante», répondit la marâtre.

Au bout de peu de temps, la fillette arriva en courant.

«Où étais-tu ? demanda le père.

– Ah, père, si tu savais ! dit-elle. Mère m'a envoyée chez
110 ma tante lui demander une aiguille et du fil pour me coudre une chemise, mais ma tante, c'est la baba Yaga et elle a voulu me dévorer !

– Et comment t'es-tu échappée ? »

La fillette raconta. Quand le vieux sut tout ce qui s'était
115 passé, il se mit en colère contre sa femme et la fusilla. Et il se mit à vivre avec sa fillette en amassant du bien. J'y étais, de l'hydromel[1] et de la bière j'ai voulu goûter, sur ma moustache ils ont coulé, dans ma bouche rien n'est tombé.

Afanassiev, *Contes populaires russes*,
trad. Lise Gruel-Apert, © Imago, 2008.

---

1. *Hydromel* : boisson faite d'eau et de miel.

Grand-mère Kalle

(Daniel Vaxelaire, *15 Contes de l'océan Indien*)

Né en Lorraine, Daniel Vaxelaire arrive à la Réunion en 1971.
Passionné par sa terre d'accueil, il a publié de nombreux ouvra-
ges qui touchent à l'histoire et aux traditions de l'océan Indien
(*En haut la liberté*, prix du roman Jeunesse 1989, *Chasseurs de
Noirs*, 1982).
Il raconte ici la légende de la plus célèbre sorcière réunion-
naise, que tous les enfants de l'île connaissent : grand-mère
Kalle. Ce texte invite à réfléchir sur la création et la survivance
des contes populaires.

C'était aux temps sombres de l'esclavage. Il y avait de
bons maîtres, mais il y en avait aussi de bien méchants.
Dans une famille de l'Ouest vivait une esclave, Kalla. Allez
savoir ce qui se passa : le maître n'a jamais parlé ; quant à
5 Kalla…
Certains disent qu'elle était battue, d'autres qu'elle avait
volé, d'autres encore qu'une histoire d'amour avait fou-
droyé sa vie, d'autres enfin que son fils lui avait été volé par
le maître et vendu à un autre propriétaire. C'était hélas une

10 chose courante : en ce temps-là, un esclave était comme un meuble, ou un animal, on en faisait ce qu'on voulait.

**

Toujours est-il que la vieille Kalla disparut. Certains disent qu'elle s'est pendue, d'autres qu'elle s'est jetée dans le Gouffre près de l'Étang-Salé[1], où la mer gronde si fort.
15 Mais s'il fallait croire tout ce que les gens disent…

En tout cas, à cette époque, les voyageurs commencèrent à rapporter d'étranges phénomènes : quand ils s'étaient laissé surprendre par la nuit, dans l'Ouest, ils entendaient comme une voix, ou alors ils apercevaient des lumières
20 fugitives dans la montagne ; certains affirmaient même qu'ils avaient vu une vieille femme noire, toute ridée, au détour du chemin. Il s'en trouva enfin pour jurer qu'elle était à cheval sur un manche à balai !

Toutes les histoires possibles et imaginables couraient
25 la montagne et plus personne n'osait sortir la nuit. Les experts – car il y a toujours un expert pour donner un avis définitif sur ce genre de phénomène – expliquaient que ces étrangetés ne pouvaient être dues qu'à une âme errante. On avait retrouvé des voyageurs détroussés de leurs bagages et
30 de leurs habits, tournant comme des canards malades au milieu du chemin, on avait récupéré un enfant vert de peur dans le fossé où il s'était caché toute la nuit, on entendait surtout des *chaboulements*[2] de galets sur le toit des mai-

---

1. *Étang-Salé* : commune située en bord de mer, dans le sud-ouest de l'île. Le *Gouffre* est une faille dans la falaise de basalte.
2. *Chabouler*, à la Réunion, est un terme créole qui signifie «lancer des pierres»; il semble qu'il provienne d'un vieux mot normand, «sabouler»…/…

sons, les nuits de pleine lune. Et la plupart des victimes
35 tombaient d'accord pour dire qu'elles avaient entendu,
juste avant leur mésaventure, ce grand cri, comme un croas-
sement, qui déchirait le silence :

«Kalla! Kalla!»

Les savants – car il y a toujours un savant pour contre-
40 dire ce qu'affirment les experts – eurent beau expliquer que
cela ressemblait à l'appel d'un oiseau de mer nocturne,
personne ne voulut les croire : la légende de grand-mère
Kalle, morte sans sépulture, ombre de malheur sur toute la
côte Ouest, était bien plus excitante...

45 Grand-mère Kalle sévit durant des années. Dieu sait combien de voleurs et de farceurs profitèrent de la légende. Un
colporteur attardé par sa clientèle était dévalisé au détour
de la pente Crève-Cœur[1]? C'était grand-mère Kalle! Une
jeune fille perdait son innocence au coin d'un buisson?
50 Encore un coup de grand-mère Kalle! Le vil séducteur de
cette malheureuse enfant était rossé de coups de bâton par
le père furibond au détour du même buisson, le soir suivant? Toujours grand-mère Kalle!

Bien sûr, il y avait de vrais mystères, des lumières
55 inexplicables, des bruits étranges, des frôlements dans la
pénombre, comme il y en a dans toutes les campagnes. Et
les mamans, pour inciter les enfants à être sages, avaient
pris l'habitude de leur dire :

«Reste tranquille, sinon j'appelle grand-mère Kalle!»

.../... Les garnements *chaboulent* les fruits dans le verger du voisin; il
arrive aussi qu'on *chaboule* le toit de celui-ci pour lui faire peur; c'est
surtout efficace si ce toit est en tôle, évidemment (note de l'auteur-NdA).
1. *Crève-Cœur* : lieu-dit situé sur la commune de Saint-Paul, à l'ouest
de la Réunion.

***

⁶⁰ Et puis un jour, quelqu'un en eut assez. C'était peut-être un colporteur qui était fatigué de se faire détrousser sans que les gendarmes ne fassent rien. Ou un amoureux las de recevoir des coups de bâton, allez savoir. Toujours est-il que cet homme eut l'audace que d'autres n'avaient pas : il ⁶⁵ entama de longues recherches pour retrouver les restes de grand-mère Kalle.

Les gens racontent qu'il les dénicha finalement au fond d'un gouffre, qu'il n'eut pas peur d'aller les retirer du trou et qu'il les fit enterrer en terre chrétienne, avec prières et ⁷⁰ cérémonies. Certains se montrent encore le tombeau, sous le plus beau flamboyant[1] de la côte Ouest, et ne manquent jamais d'y déposer une fleur, quand ils passent par là, pour apaiser l'âme de la malheureuse.

Mais d'autres gens disent que grand-mère Kalle hante ⁷⁵ toujours les pentes de l'Ouest et que si on l'entend moins depuis quelque temps, c'est parce qu'on fait trop de bruit avec nos télévisions et nos automobiles.

D'ailleurs, dans bien des lits encore, à la Réunion, bon nombre d'enfants – et même de grandes personnes – trem-⁸⁰blent en se disant :

«Pourvu que grand-mère Kalle ne vienne pas me chercher cette nuit!»

Daniel Vaxelaire, *15 Contes de l'océan Indien*,
Flammarion, coll. « Castor Poche», 2002.

---

1. *Flamboyant* : arbre tropical à fleurs rouge vif.

Naissance
de Njeddo Dewal

(Amadou Hampâté Bâ, *Contes initiatiques peuls*)

Amadou Hampâté Bâ (1900-1991) est un écrivain, philosophe et ethnologue malien qui a consacré une grande partie de son existence à collecter les traditions orales africaines, peules[1] notamment. C'est en 1960 qu'il prononça à l'Unesco (Organisation des Nations unies pour l'éducation, la science et la culture) la phrase devenue célèbre : « En Afrique, quand un vieillard meurt, c'est une bibliothèque qui brûle. »
Ses *Contes initiatiques peuls* contribuent à la mémoire écrite de l'Afrique. On y trouve une sorcière, agent du malheur, envoyée par Guéno[2] pour punir les hommes de leur perversité.

Durant un temps si long qu'on ne saurait en dénombrer les jours, les Peuls vécurent heureux au pays de Heli et Yoyo[3]. Mais à la longue, ils se rassasièrent tant de ce

---

1. *Peules* : voir note 1, p. 12.
2. *Guéno* : dieu suprême.
3. *Pays de Heli et Yoyo* : pays mythique, sorte de paradis terrestre.

bonheur qu'ils en devinrent orgueilleux et se perdirent
eux-mêmes. Ils en vinrent à se conduire de très mauvaise
manière. Certains ne respectaient plus rien, au point de se
torcher avec des épis de céréales.

Des femmes s'égayaient avec des animaux mâles.
D'autres, délaissant l'eau, se baignaient dans du lait[1]. Elles
s'en servaient même pour laver leur linge et faire la toilette
de leurs enfants, laver leurs moutons de case[2] ou les éta-
lons à robe blanche de leur époux !

N'allèrent-elles pas jusqu'à utiliser de la farine de riz
délayée pour badigeonner leurs maisons ? Parfois, l'envie
les prenant, elles sortaient nues dans la rue, balançant leur
croupe pour bien montrer leurs avantages.

Des hommes les imitèrent et se mirent tout nus. Ils ren-
contraient les femmes dans la brousse pour s'y comporter
comme des bêtes[3]. Peu à peu hommes et femmes refusèrent
le mariage et s'en firent une gloire. Être célibataire devint
un état normal[4].

Ainsi vécurent le plus grand nombre des Peuls, sans
qu'aucun avertisseur vînt les mettre en garde.

---

1. Se laver avec du lait indique la sortie des normes, l'excès, l'orgueil,
surtout chez les Peuls pour qui le lait est une substance sacrée (NdA).
2. Un «mouton de case» est un mouton familier, sorte d'animal mascotte,
qui va et vient librement. Il appartient à la «case», c'est-à-dire à la famille.
Il est aimé et très choyé (NdA).
3. En Afrique traditionnelle de la savane, l'acte sexuel est considéré
comme sacré, car «le ventre de la femme est l'atelier de Guéno»; dans
une société qui met l'accent sur la maîtrise de soi, l'acte sexuel accom-
pli hors des normes et dans le désordre des mœurs est censé ravaler
l'homme au rang d'un animal (NdA).
4. Jusqu'à nos jours, l'état de célibataire était quasiment inconnu en Afrique
et, à la vérité, fort mal jugé. On estimait qu'un célibataire n'était pas un
homme conscient de ses responsabilités, donc sujet à caution (NdA).

Quand cet état de choses eut duré trop longtemps,
25 Guéno se fâcha. Ayant décidé que le malheur recouvri-
rait les Peuls pervers[1], il entreprit de créer l'être qui serait
l'agent de ce malheur.

Guéno prit un chat noir,
si noir qu'il en noircit le charbon
30 et la nuit la plus sombre !
Il prit un bouc puant au pelage de jais,
puis un oiseau d'un noir profond.
Il les brûla au moyen d'un rayon vert,
mit leurs cendres dans une outre jaune,
35 les pétrit dans une eau incolore.
Il plaça le mélange dans une carapace de tortue,
une grosse tortue des mers profondes,
puis il transforma le tout et en fit un œuf.
Il donna l'œuf à couver à un caïman à la peau dure,
40 un vieux caïman chargé d'années innombrables.

Le caïman couva.
Guéno fit éclore l'œuf.
Un être en sortit.
Cet être, à la forme vaguement humaine,
45 était doté de sept oreilles et de trois yeux.
C'était une fille.

Tout ce qui est venimeux et méchant,
tout ce qui vit dans les forêts
ou dans la haute brousse,
50 qui séjourne dans les vallées,

---

1. *Pervers* : qui se plaisent à faire le mal.

repose dans les fleuves
ou se cache au sein de la terre,
grimpe au sommet des collines
ou se réfugie dans les cavernes,
55   le mal qui réside dans le feu,
celui qui se cache dans les végétaux,
en un mot tout ce que l'on prie Guéno
d'éloigner de nous,
tous ces êtres allaitèrent tour à tour
60   la fille qui venait de naître.
L'enfant grandit et devint une fille courtaude[1],
vilaine à voir, aux oreilles mal formées.
Aucune créature de cette terre
n'a jamais vu de telles oreilles !

65   La fillette monstrueuse reçut le nom de Njeddo Dewal Inna Baasi, la Grande Mégère septénaire[2], mère de la calamité[3].

Elle apprit les sept sons des paroles magiques.

Elle connut toutes les incantations[4] propres à comman-
70 der aux esprits du mal des quatre éléments et des six points de l'espace.

Capable de prendre toutes les formes, elle se métamor-phosait à volonté, plongeant les esprits dans le trouble.

---

1. *Courtaude* : de taille courte, épaisse.
2. *Septénaire* : voir note 2, p. 12.
3. Njeddo vient de *jeddi*, qui signifie «sept». C'est donc la «septénaire». Dewal est composé de *dew* («femme») et de la désinence *al* qui peut être péjorative ou admirative, selon le contexte. Dewal pourrait signifier la «femme extraordinaire»; ici, le mot désigne la «femme escogriffe», ou la «grande mégère». Inna Baasi signifie littéralement «mère de la calamité» (NdA).
4. *Incantations* : voir note 1, p. 5.

Ainsi enveloppée de ténèbres, entourée de tous les mauvais esprits et génies du mal, Njeddo Dewal atteignit l'âge adulte.

Un homme nommé Dandi (Piment) fils de Sitti (Salpêtre)[1] la vit et la demanda en mariage. Sa demande fut acceptée. Après leur mariage, les époux partirent habiter Toggal-Balewal, la lugubre forêt noire.

Dandi et Njeddo Dewal engendrèrent sept filles, chacune plus belle qu'un génie femelle.

Un jour, Dandi rencontra Tooké (Venin).

« Ô mon Dandi, où vas-tu ? » lui demanda Tooké.

Sans autre forme de procès, Dandi se jeta sur lui. Tooké se gonfla alors de venin et s'éleva comme une haute berge. Puis il se saisit de Dandi et lui serra le cou jusqu'à ce que son corps devînt complètement froid.

Près de là, des crapauds à l'arrière-train affaissé et au ventre de femme enceinte avaient assisté à la scène. À leur tour ils se jetèrent sur Tooké, le tuèrent et l'avalèrent sans en rien laisser.

Des serpents, sortis on ne savait d'où, se précipitèrent sur les crapauds et n'en firent qu'une bouchée ; puis ils s'empressèrent d'aller se cacher dans des trous.

Alors des scorpions noirs, gros comme de petites tortues, attaquèrent à leur tour les serpents. Ils en triomphèrent et les avalèrent tout comme les serpents avaient avalé les crapauds[2].

---

1. Le piment engendre la brûlure ; quant au salpêtre, il entre dans la composition des poudres explosives, donc destructrices, et de divers maléfices. C'est dire quels éléments maléfiques, à la fois maternels et paternels, s'uniront pour donner naissance aux sept filles de Njeddo Dewal (NdA).
2. La succession des animaux qui s'avalent montre que, pour chaque mal, il existe un mal plus mauvais encore (NdA).

100 D'où venaient ces scorpions ?

Silence !… Je vais le dire pour que des bouches puissent le rapporter à des oreilles.

Ces scorpions sont plus vieux que Kîkala lui-même, l'ancêtre du genre humain.

105 Ils sont plus vieux que les éléphants,
plus anciens que les plus vieux vautours,
plus vieux que les baobabs,
plus vieux même que certaines montagnes.

Au jour lointain où les premières gouttes de pluie tom-
110 bèrent sur la terre, les scorpions étaient déjà là et ils s'y sont lavés. Après quoi ils s'enfoncèrent dans des excavations[1] et attendirent que ce qui devait advenir advînt, et les trouvât là[2].

Le début des malheurs

115 En ce temps-là, Njeddo Dewal, instrument maléfique de la colère de Guéno, s'était installée dans un abri fait de branches de tiaïki, cet arbre magique que la pluie dessèche et que la chaleur reverdit. Elle était là, sept oreilles et trois yeux bien ouverts. Quand elle toussait, des étincelles jaillis-
120 saient de ses poumons. Quand elle se grattait, des abeilles sortaient de son corps. Si elle respirait face à un arbre, il se desséchait. Si elle criait sur une montagne, la montagne s'écroulait, se brisait et devenait farine de terre. Ainsi tapie dans son abri, elle opérait ses sortilèges, lesquels répan-
125 daient leurs néfastes effets sur tout le pays de Heli et Yoyo.

---

1. *Excavations* : creux dans un terrain.
2. Toute cette scène n'a d'autre raison que de présenter la mort de Dandi, dont la seule fonction fut de procréer les sept filles de Njeddo Dewal qui joueront un rôle capital dans le conte (NdA).

Un jour, des femmes peules qui s'étaient rendues au marché pour y vendre leur lait y trouvèrent des choses insolites : des récipients remplis de crottin de mouton, de grandes écuelles contenant des excréments humains, de la
130 bouse de vache ou des cordylées[1] de lézard, des gourdes remplies d'urine et de crachats, des tibias humains étalés sur le sol comme des tubercules de manioc…

«Yoo ! Yoo !… crièrent les femmes peules. Ce qui est répugnant et puant est entré dans le marché ! »

135 « Qu'est-il arrivé ? » se demandaient-elles les unes aux autres. Elles ne savaient pas que Guéno venait de décréter leur châtiment et que Njeddo Dewal, Mère de la Calamité, en était l'agent d'exécution.

Quand les femmes regardèrent dans leurs calebasses[2],
140 elles virent que le lait y était devenu du sang et le pen'nga[3] du pus. Elles s'enfuirent et rentrèrent qui à Heli, qui à Yoyo, clamant partout leur malheur.

Ces événements extraordinaires vinrent aux oreilles du roi de Heli. À son tour, il en informa ses gens. Tous se ren-
145 dirent à Yoyo, la capitale où résidait le grand roi.

Amadou Hampâté Bâ, *Contes initiatiques peuls*,
© Stock, 1994.

---

1. *Cordylées* : déjections.
2. *Calebasses* : récipient formé avec le fruit du calebassier vidé et séché.
3. *Pen'nga* : lait caillé non écrémé (NdA).

DOSSIER

L'univers du conte

1. Groupez-vous par deux et établissez une liste de six mots au moins qui évoquent pour vous le « conte ».

2. Proposez à la classe, en une phrase, une définition du conte qui commencera par : « Un conte c'est... »

3. Testez vos connaissances en reliant les titres de contes célèbres à leur auteur :

« La Sorcière du placard
aux balais » •   • Jacob et Wilhelm Grimm

« Blanche-Neige » •   • Hans Christian Andersen

« La Petite Sirène » •   • Bernard Clavel

« Les Sorcières
de Peñiscola » •   • Pierre Gripari

4. Imaginez une sorcière et décrivez-la en cinq lignes.

L'objet-livre

La couverture

Complétez la reproduction ci-dessous en utilisant les termes suivants : titre, éditeur, collection, illustration.

L'organisation de l'ouvrage

1. Feuilletez votre livre et complétez la phrase suivante :

Le ...., qui présente le plan du livre, se trouve page .....

2. Où se trouve la présentation ? Qui en est l'auteur ?

3. De combien de parties se compose cet ouvrage ?

4. Combien de textes sont proposés dans ce recueil ?

5. Qu'est-ce qu'une « note de bas de page » ? Donnez un exemple tiré de votre ouvrage.

Les sorcières

Évaluez ou approfondissez votre lecture en répondant à ces questionnaires.

« Circé » (p. 19-26)

1. Circé demeure :
> A. sur le mont Olympe
> B. dans un val
> C. dans une grotte

2. Lequel parmi ces animaux n'est pas un familier de Circé : le loup, le lion, le tigre ?

3. Quelle expression, qu'on appelle « épithète homérique », désigne Circé dans le texte ?

4. Le compagnon d'Ulysse qui devine une ruse se nomme :
> A. Eurylochos
> B. Politès
> C. Pramnos

5. Circé métamorphose les compagnons d'Ulysse :

    A. en loups

    B. en singes

    C. en porcs

6. Quel dieu vient en aide à Ulysse ?

7. Il lui remet :

    A. une potion magique

    B. une herbe magique

    C. une baguette magique

8. Circé finit par libérer les compagnons d'Ulysse. Vrai ou faux ?

« La Sibylle de Panzoust » (p. 27-32)

1. Relevez les ajectifs qui caractérisent la Sibylle. Sont-ils péjoratifs ou mélioratifs[1] ?

2. « Il lui exposa le motif de sa venue » (l. 38) : pourquoi Panurge consulte-t-il la Sibylle ?

3. À qui la Sibylle est-elle comparée lorsqu'elle met son tablier sur sa tête ?

4. Dans les propos de Panurge, relevez les termes qui indiquent qu'il s'effraie.

5. Quels types de phrases sont alors utilisés ?

6. Pourquoi Panurge prend-il peur ?

7. Ce texte vous a-t-il fait rire ? Pourquoi ?

8. Relevez les indices de la culture antique de l'auteur (allusions, jeux de mots, etc.).

---

1. *Péjoratifs* : qui présentent de manière défavorable. *Mélioratifs* est son contraire (ou «antonyme»).

« Jeannot et Margot » (p. 33-45)

1. Pourquoi les parents de Jeannot et Margot décident-ils de les abandonner ?

2. Comment les enfants retrouvent-ils leur chemin la première fois ?

3. Pourquoi se perdent-ils dans la forêt la seconde fois ?

4. L'animal qui les dirige vers la maison de la sorcière est :
>   A. un corbeau
>   B. un canard blanc
>   C. un oiseau blanc

5. Quels sont les cinq sens humains ? Lequel est particulièrement développé chez les sorcières ?

6. La sorcière est :
>   A. presque sourde
>   B. presque aveugle
>   C. unijambiste

7. Veut-elle manger Jeannot ? Margot ? les deux ?

8. Lequel de ces termes ne caractérise pas la sorcière : « cannibale », « hypocondriaque », « anthropophage » ?

9. Quelle ruse utilise Jeannot pour tromper la sorcière ?

10. Comparez l'état des personnages dans la situation initiale et dans la situation finale. Qu'est-ce qui a changé ?

« Le Tambour » (p. 46-60)

1. Qui est prisonnière de la sorcière ?

2. Où la sorcière demeure-t-elle ?

3. Combien d'ogres aident le tambour ?

4. Le tambour parvient au sommet de la montagne en utilisant :

    A. des bottes de sept lieues

    B. une selle magique sans cheval

    C. une bague magique

5. Quelle particularité physique partagent la sorcière de ce conte et celle de « Jeannot et Margot » ?

6. Combien de tâches la sorcière confie-t-elle au tambour ? Détaillez-les.

7. La jeune fille aide le tambour :

    A. en prononçant des formules connues d'elle seule

    B. en le laissant se reposer, la tête sur ses genoux

    C. en tournant sa bague magique

8. Dans quelles circonstances la sorcière meurt-elle ?

9. Pourquoi le tambour oublie-t-il sa princesse ?

10. Pour approcher le tambour, la princesse offre à la fiancée :

    A. trois bagues

    B. trois robes

    C. trois colliers

« Raiponce » (p. 61-67)

1. Au début du conte, pour quelle raison la (future) mère de Raiponce est-elle mélancolique ?

2. Quelle décision prend alors son mari ?

3. Quel terrrible contrat passe-t-il avec la sorcière ?

4. La tour de la sorcière mesure :

    A. 16 mètres de haut

    B. 24 mètres de haut

    C. 28 mètres de haut

5. Comment la sorcière accède-t-elle en haut de la tour alors que le bâtiment ne semble pas avoir de porte ?

6. Quel personnage rend visite à Raiponce ?

7. Quelle punition reçoit-il ?

8. Comment la sorcière se venge-t-elle de Raiponce ?

9. Dans quelles circonstances le prince guérit-il de ses blessures ?

10. Que devient la méchante sorcière ?

« La Sorcière du placard aux balais » (p. 68-83)

1. Monsieur Pierre achète sa maison :

      A. 5 francs

      B. 5 euros

      C. 2 millions

2. Pourquoi le notaire rit-il ?

3. Qui rend visite à Raiponce ?

4. Quelle incantation fait apparaître la sorcière du placard aux balais ?

5. Pourquoi monsieur Pierre reproche-t-il au notaire de lui avoir appris la formule magique ?

6. À quelles épreuves monsieur Pierre est-il soumis ?

7. Qui va l'aider ?

8. La sorcière est en réalité :

      A. une chèvre barbue

      B. une grenouille chevelue

      C. un crapaud poilu

« La Sorcière amoureuse » (p. 84-87)

1. Qui est le personnage principal de ce conte ?

2. Relevez les termes qui indiquent qu'elle tombe amoureuse. De quelle manière sont-ils disposés ?

3. Quel ingrédient n'utilise-t-elle pas pour la confection de sa robe ?

>   A. poudre de crapaud
>   B. venin de serpent
>   C. toile d'araignées

4. Pourquoi le beau jeune homme éclate-t-il de rire à la fin du conte ?

5. Qui est-il en réalité ?

6. Quelle partie du schéma narratif a-t-elle été laissée à l'imagination du lecteur ?

7. Rédigez-la.

« Les Vraies Sorcières » (p. 91-95)

1. À quoi ressemble une sorcière de conte de fées ? Relevez dans le texte la phrase qui la décrit.

2. Pourquoi les vraies sorcières sont-elles difficiles à repérer ?

3. Que déteste par-dessus tout une sorcière ?

4. Combien de victimes fait une sorcière :

>   A. par semaine ?
>   B. par trimestre ?
>   C. par semestre ?

5. Quelle est la devise des sorcières ?

6. Grâce à ses pouvoirs magiques :

des étincelles •	• peuvent bondir comme des grenouilles
des flammes •	• peuvent papilloter à la surface des eaux
des rats •	• fulminent
des lions •	• jaillissent
des pierres •	• rugissent
des langues de feu •	• crépitent

7. Qu'est-ce qui rend les vraies sorcières doublement dangereuses ?

« Médée » (p. 96-106)

1. Qui est le mari de Médée ?

2. Quel exploit a-t-il réalisé ? avec l'aide de qui ?

3. Que lui demande son mari ?

4. Accède-t-elle à sa demande ?

5. Que sont des « charmes » ?

6. Quel adjectif employé dans le texte caractérise le mieux Médée : « ingrate », « sublime », « cruelle », « généreuse », « hypocrite » ? Justifiez votre réponse.

7. Qui est Hécate ?

8. Dans le texte « Pélias », relevez les termes péjoratifs qui désignent Médée.

9. Relevez les mots et expressions appartenant au champ lexical[1] de la tromperie.

10. À quelle fin Médée utilise-t-elle cette fois son pouvoir ?

---

1. *Champ lexical* : ensemble des mots renvoyant à un même thème, une même idée, une même notion.

« Les Sorcières de Peñiscola » (p. 107-111)

1. Comment le héros se prénomme-t-il ? Quelle est sa profession ?

2. Où se trouve Peñiscola ?

3. Combien de sorcières pénètrent à bord de son bateau ?

4. Où se rendent-elles ?

5. Comment le héros parvient-il à apprendre le lieu de réunion des sorcières ?

6. Que demande-t-il pour prix de son silence ?

7. Que deviennent les sorcières ? Sont-elles punies ?

« Le Balai volant » (p. 112-116)

1. Comment Jhängel s'aperçoit-il du comportement étrange de son épouse ?

2. Que fait-il pour parvenir à la surprendre ?

3. Quel instrument lui manque-t-il ?

    A. une baguette

    B. un chaudron

    C. un balai

4. Quelle erreur commet-il dans la formule magique ? Quelle en est la conséquence ?

5. Qui est la « Dame du Sabbat » ?

6. Quelle est la réaction de Jhängel ?

7. Comment Jhängel parvient-il à démasquer son épouse ?

8. La sorcière est-elle punie ?

« Yorinde et Yoringue » (p. 117-121)

1. Quelle formule traditionnelle nous introduit dans l'univers du conte ? En connaissez-vous d'autres ? Rédigez-les.

2. Pouvez-vous préciser où et quand se déroule l'histoire ?

3. Quels sont les personnages présentés ? Que savez-vous d'eux ?

4. Quelle est la situation de Yorinde et Yoringue au début du texte ?

5. Comment Yoringue parvient-il à briser le sortilège de la sorcière ?

6. Quelle formule traditionnelle achève le conte ? En connaissez-vous d'autres ?

7. Comment se termine le conte pour les personnages principaux ?

8. Comment s'annonce leur avenir ?

9. Que devient l'archisorcière ?

« Roland le bien-aimé » (p. 122-128)

1. Combien de filles la sorcière a-t-elle ?

2. Donnez l'étymologie des mots suivants : régicide, matricide, infanticide, génocide

3. Lequel de ces termes correspond au crime de la sorcière ?

4. Quel objet emportent les amants dans leur fuite ?

5. Décrivez les pouvoirs de cet objet.

6. Comment la sorcière parvient-elle à rattraper les fuyards ?

       A. elle possède le don de télépathie

       B. elle chausse ses bottes de sept lieues

       C. elle a une ouïe exceptionnellement fine

       D. elle utilise sa baguette magique

7. Comment la sorcière périt-elle ?

8. Quel événement sépare les deux amants ?

9. Comment se retrouvent-ils ?

« La Baba Yaga » (p. 131-135)

1. Qui est la tante du personnage principal ?

2. Sa marâtre l'envoie chez sa tante pour :

        A. lui apporter une galette et un petit pot de beurre

        B. nourrir les chiens

        C. lui demander du fil pour coudre ses chemises

3. Quelle est l'intention de la baba Yaga ?

4. Comment la fillette pavient-elle à s'enfuir ?

5. De quelles qualités fait-elle preuve ?

6. Comment se déplace la baba Yaga ?

7. Que devient la marâtre ?

« Grand-mère Kalle » (p. 136-139)

1. Effectuez des recherches sur l'histoire et la géographie de l'île de la Réunion. Vous présenterez un travail illustré sur un panneau de format A3.

2. Comment la vieille Kalla a-t-elle disparu ?

3. Comment les experts expliquent-ils les phénomènes étranges qui se produisent sur l'île ?

4. Quelle explication les savants donnent-ils ?

5. Qui profite de la légende de grand-mère Kalle ?

6. Pourquoi entend-on moins grand-mère Kalle de nos jours ?

7. Pensez-vous que les légendes de sorcières fassent moins peur aux enfants aujourd'hui qu'autrefois ? Si oui, pourquoi ?

« Njeddo Dewal » (p. 140-146)

1. Où se déroule l'histoire ?

2. Dans quel but ?

3. Relevez des exemples du comportement pervers des hommes.

4. À partir de quels animaux Njeddo Dewal est-elle créée ?

5. Quelle est la particularité physique de Njeddo Dewal ?

6. Que signifie son nom ?

7. Faites l'inventaire de ses pouvoirs.

8. Qui épouse-t-elle ?

9. Relevez tous les détails qui font de ce personnage un être surnaturel et terrifiant.

Vocabulaire

Les textes du recueil contiennent parfois des mots diffciles expliqués dans les notes de bas de page. Rendez à chaque mot sa définition.

Marâtre •   • Médicament qui fait dormir

Grimoire •   • Violoniste de village

Narcotique •   • Ancienne mesure

Ménétrier •   • Mère méchante ou belle-mère

Aune •   • Méchanceté

Vaticinatrice •   • Livre de magie

Fiel •   • Personne qui prétend connaître l'avenir

Croisons les mots

Verticalement

1. Sacrées pour Roald Dahl.
2. Sa bave sert beaucoup dans les potions.
3. Sorcière slave.
4. Transforme en porcs les compagnons d'Ulysse.
5. Dans la Rome antique, il tire des présages du vol des oiseaux. De nos jours, il peut être bon ou mauvais.
6. Préparation dont le nom vient de l'arabe *al-iksîr*.
7. La sorcière ne jette que les mauvais.
8. Breuvage souvent magique.

Horizontalement

9. Aède grec du VIIIᵉ siècle av. J.-C.
10. Moyen de locomotion de la sorcière.
11. Marraine en allemand.
12. Réunion de sorcières.
13. Pousse sur le nez de la sorcière.
14. Frères conteurs.
15. Ustensile de cuisine indispensable à la sorcière.
16. Forme du nez de la sorcière.
17. Grande prétresse au pouvoir médiumnique. Celle de Panzoust n'est pas très bien élevée.